华信经管创新系列

Excel 与人事信息处理实用教程

邱耀敏 严 昉 主 编

电子工业出版社
Publishing House of Electronics Industry
北京·BEIJING

内 容 简 介

本教材基于 Excel 2010 软件环境编写，全书共 6 章，具体包括：招聘管理，培训管理，员工信息管理，劳动合同管理，考勤、休假和加班管理，薪酬管理和统计分析。编写时以人力资源管理工作中的主要流程为顺序，使学生通过实践操作，能够在人力资源管理工作实践中运用 Excel 来分析处理数据，并解决实际问题。

本书适合作为高校人力资源管理专业及经管其他专业的人力资源管理教材，也可供实际工作人员作为参考读物。

图书在版编目（CIP）数据

Excel 与人事信息处理实用教程 / 邸耀敏，严昉主编. 一北京：电子工业出版社，2018.11
（华信经管创新系列）
ISBN 978-7-121-35226-3

Ⅰ．①E… Ⅱ．①邸… ②严… Ⅲ．①表处理软件－应用－人事管理－高等学校－教材 Ⅳ．①D035.2-39

中国版本图书馆 CIP 数据核字（2018）第 238884 号

策划编辑：石会敏
责任编辑：石会敏　　特约编辑：侯学明　仇长明
印　　刷：三河市君旺印务有限公司
装　　订：三河市君旺印务有限公司
出版发行：电子工业出版社
　　　　　北京市海淀区万寿路 173 信箱　邮编：100036
开　　本：787×1092　1/16　印张：9.5　字数：222 千字
版　　次：2018 年 11 月第 1 版
印　　次：2018 年 11 月第 1 次印刷
定　　价：39.00 元

凡所购买电子工业出版社图书有缺损问题，请向购买书店调换。若书店售缺，请与本社发行部联系，联系及邮购电话：（010）88254888，88258888。

质量投诉请发邮件至 zlts@phei.com.cn，盗版侵权举报请发邮件至 dbqq@phei.com.cn。

本书咨询联系方式：（010）88254537。

前　言

在当今数字化、信息化时代，企事业单位人力资源管理实际工作中基于 Excel 软件应用所构建的人事信息处理系统的使用率越来越高。Excel 软件强大的功能，早已超出了通常意义上的表格和数据处理的一般应用，在现代企业人力资源管理中发挥着日益重要的作用。因此，在高校人力资源管理专业教学中应该更好地满足现代企业人力资源管理的需求，在课程建设中加大实训力度，通过实践教学方式来提高学生运用 Excel 处理人事信息的能力，同时提高学生分析问题、解决问题的综合能力。为了更好地在实践教学中提高人力资源管理专业学生综合运用 Excel 软件来处理和使用人事信息的能力，提升学生的实际操作能力，特编写本书。

本书基于 Excel 2010 软件环境编写，全书分为六个部分，具体包括：招聘管理，培训管理，员工信息管理，劳动合同管理，考勤、休假和加班管理，薪酬管理和统计分析。编写时以人力资源管理工作中的主要流程为顺序，使学生通过实践操作，能够在人力资源管理工作实践中运用 Excel 来分析处理数据，并解决实际问题。

本书适合作为高校人力资源管理专业及经管其他专业的人力资源管理教材，也可供实际工作人员作为参考读物。

本书的特点主要体现在以下几个方面。

一是人力资源管理专业知识的综合性运用和呈现。本书的实际运用对象是具备了人力资源管理相关专业基础知识的人员，并非单一模块的学习。因此，涉及人力资源管理专业各大模块的专业知识在本书中均有体现。

二是将专业知识的整合与 Excel 的运用有机结合。本书特别强调根据人力资源管理专业各模块特点来整合知识内容，强调和突出 Excel 软件在人事信息处理中的应用性，并不以 Excel 命令和工具的使用来贯穿教学，不强调 Excel 软件教学本身的系统性和完整性，而是突出其作为人力资源管理工作中的工具性特点。

三是在内容的编排上，按照人力资源管理工作的基本流程，以"招聘管理－培训管理－员工信息管理－劳动合同管理－考勤管理－薪酬与福利管理"为主线并划分成六大模块，各模块内容有机联系，从员工招聘开始，到薪酬和绩效考核结束。通过各模块内容的编排，形成一套完整的人力资源管理数据资料，帮助学生建立起人力资源管理数据库的概念，积累相关的应用经验。

四是以模块任务为驱动，整合相关知识内容。在每个模块中，均给出需要完成的相关任务，并以完成任务为目的进行学习，使 Excel 相关知识和人力资源管理相关专业知识得到有机统一。

本书第 1、2、5、6 章由邸耀敏编写，第 3、4 章由严昉编写。在本书的编写过程中，编者参考了多位专家学者的著作，在此一并表示感谢。由于编者水平有限，书中疏漏和不足之处在所难免，敬请读者批评指正。

作　者

2018 年 7 月

目　录

第 1 章

招聘管理

招聘管理是企业人力资源管理的基础和前提。招聘管理的能力水平不但反映了企业的经营管理水平，而且关系到企业的发展方向和命运，把有用的人才招聘到企业，是企业人力资源管理的一项重要内容。作为人事信息处理的第一步，招聘管理主要是完成对所有应聘人员基本信息的整理和归类；根据面试人员的信息进行初步筛选，对符合面试条件的应聘人员发放面试通知单；对应聘人员进行面试评估，对面试评估结果进行评价和整理，从中筛选出符合企业录用标准的应聘人员，形成面试评估数据库。

本章的学习内容：

（1）Excel 基础表格的制作及操作界面的熟悉；

（2）完成应聘人员基本信息表；

（3）制作面试评估表模板；

（4）从应聘人员基本信息表中直接提取相关人员信息，完成面试评估表；

（5）完成面试评估数据库。

本章需要运用的命令和工具：

Excel 基础表格的制作，操作界面的认识和熟悉，数据有效性（数据验证）、数据筛选、单元格格式设置，定义名称，利用身份证提取性别、籍贯、出生日期等相关信息，条件格式的设置，单选按钮的设置，保护工作表，插入并执行 VBA 程序等。

1.1　新建工作簿和操作界面的认识

在开始使用 Excel 之前，需要了解 Excel 的操作界面和基本功能，如新建工作簿、保存工作簿等基本操作和命令，在本书中均以 Excel 2010 为例。

1.1.1　创建工作簿和工作表

工作簿是 Excel 用于保存数据信息的文件，它为用户提供了一个进行计算和操作的环境。在一个工作簿中，可以有多个不同类型的工作表，在默认情况下每个工作簿包含 3 个工作表，但根据用户需要可不断扩展，最多可达 255 个，并且每个工作表都可单独命名。工作

簿文件以 .xls 或 .xlsx 为默认的扩展名，工作簿名称即为 Excel 文件的名称。

工作表是显示在工作簿窗口中的表格。一个工作表由 65536 行和 256 列构成。行的编号从 1 到 65536，列的编号依次用字母 A，B，…表示。行号显示在工作簿窗口的左侧，列号显示在工作簿窗口的上边，每个单元格则以行列号命名，如 A1 单元格，即为 A 列第一个单元格。

打开 Excel，系统会自动创建 Excel 文件"工作簿 1"，见图 1-1。

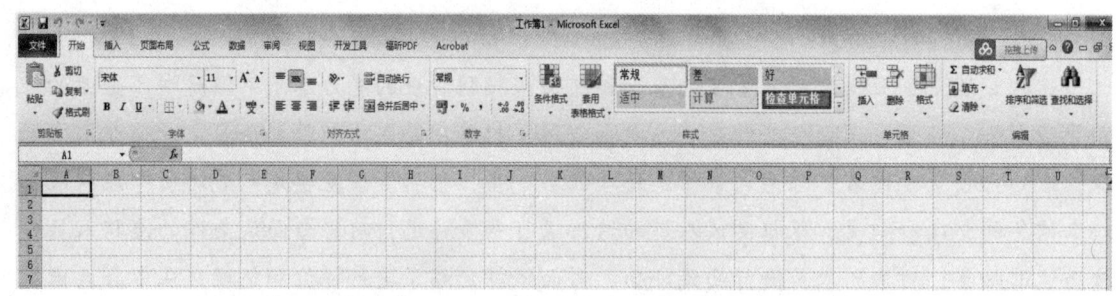

图 1-1　新建 Excel 工作簿

1.1.2　保存、命名工作簿和工作表

（1）工作簿的保存和命名。在功能区单击"文件"选项卡，在打开的下拉菜单中单击"保存"命令，也可选择"另存为"，命名一个新的文件名并自行选择保存路径和位置，见图 1-2。

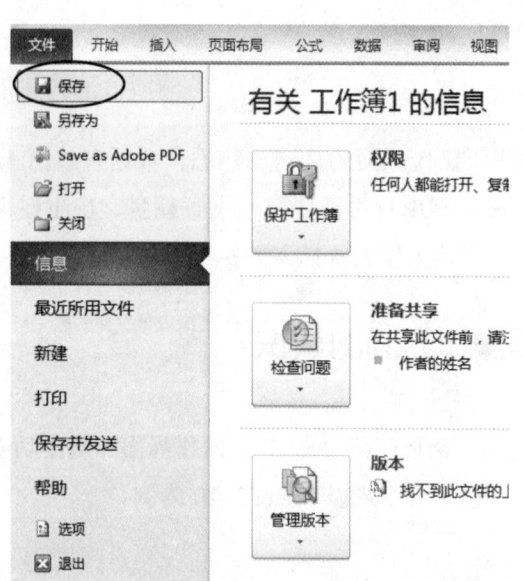

图 1-2　保存 Excel 工作簿

（2）工作表的命名及处理。工作表默认名称一般为 sheet1，sheet2，…，在实际应用中为了便于区分，可将工作表名称根据表格内容进行修改。右键单击工作表下部的标签名

"sheet1"，在命令列表中选择"重命名"命令；或者直接双击工作表标签名"sheet1"，为工作表重新输入新的名称。将此工作表重命名为"应聘人员基本信息"，见图1-3。

图1-3 重新命名Excel工作表

为了帮助用户迅速查找和定位所需要的工作表，可以为工作表标签设置颜色。具体方法是：右键单击"应聘人员基本信息"表名称，在命令列表中选择"工作表标签颜色"，然后在"主题颜色"中选择即可，见图1-4。

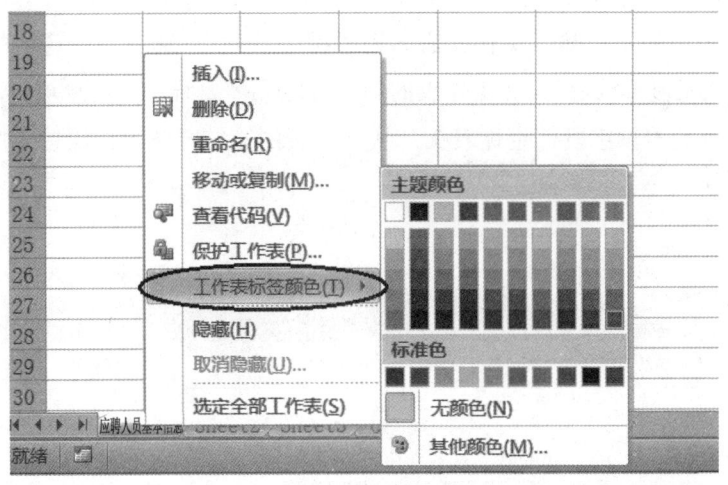

图1-4 设置工作表标签颜色

（3）增加及删除工作表。在默认状态下，一个新的 Excel 工作簿包含 3 个工作表，如果需要增加新的工作表直接单击工作表标签后面的""即可；也可以右键单击工作表标签名称，在命令列表中选择"插入"项增加新工作表。

为了突出有用的工作表，有时需要删除多余的工作表。右键单击需要删除的工作表标签，在弹出的命令列表中选择"删除"命令即可。

1.2 应聘人员基本信息管理

招聘工作开始之前，通常需要将全部应聘人员的基本信息进行录入，整理好基础数据，为后续招聘工作的开展准备好资料。

本节要将所有应聘人员的基本信息录入工作表中，并进行各种筛选统计分析。

需要注意的是在制作数据表的过程中，为了提高数据录入的速度和准确性，应该尽量减少手工录入，以便减少可能出现的错误。在 Excel 工作表中，可以利用数据有效性或者公式来录入数据，以提高数据录入的速度和准确性。

1.2.1 建立应聘人员基本信息表

应聘人员基本信息表是一个基础数据表，保存每个应聘人员的基本信息，因此，这样的表格应该设计成数据清单，清单中应包含企业所需要的应聘人员的相关信息。在具体工作中，也可以根据自己企业的实际情况增减一些信息项目。一般来说，表中所包括的项目主要有：序号、应聘部门、应聘岗位、姓名、性别、身份证号码、出生日期、年龄、专业、最高学历、毕业学校、教育经历、工作经历、籍贯、民族、健康状况、婚姻状况、手机号码、电子邮箱等。

制作应聘人员基本信息表主要分为以下几个步骤。

（1）创建一个新的工作簿，保存并命名为"招聘管理"。选中工作簿中的一个工作表，并命名为"应聘人员基本信息"，在工作表的第一行输入需要统计的信息项目，如序号、应聘部门等，即一个个数据项字段，也称表头；从工作表的第二行开始依次输入应聘人员的相应信息，见图 1-5。

	A	B	C	D	E	F	G	H	I	J	K
1	序号	应聘部门	应聘岗位	姓名	性别	身份证号码	出生日期	年龄	专业	最高学历	毕业学校
2	1	财务部	会计	张小丽	女	110108198806122249	1988/6/12	30	会计	本科	北京财经大学
3	2	财务部	财务经理	何伟晨	男	11010419720923225X	1972/9/23	45	财务	硕士	上海财贸大学

	L	M	N	O	P	Q	R	S
1	教育经历	工作经历	籍贯	民族	健康状况	婚姻状况	手机号码	电子邮箱
2	2004年9月-2008年7月 北京财经学院，本科		北京市海淀区	汉	好	未婚	13852385502	zx1@163.com
3	1990年9月-1994年7月 北京财经学院，本科1994年9月-1997年3月 上海财贸大学，研究生	1997年5月-2004年4月 北京鸿博信息技术公司，会计 2005年7月-2010年3月 北京华伟公司，财务经理	北京市宣武区	汉	好	已婚	13947731922	hcw@yahoo.com.cn

图 1-5　建立应聘人员基本信息表

注意此表格为清单表格，因此输入人员信息时不允许有空行。为了便于在后续公式中引用相应单元格，应严格按照要求在指定单元格输入所需内容。

（2）根据不同的数据项内容为各列设置不同的格式。一般来说，Excel 默认的单元格格式为"常规"，但有些数据项需要设置特殊的单元格格式，如需要将单元格设置为文本、日期或百分数等格式，以方便数据的输入。

单元格格式的设置步骤为：选择需要设置格式的单元格或者单元格区域，单击右键，在命令列表中选择"设置单元格格式"，见图 1-6。在弹出的"设置单元格格式"窗口中，可以根据数据项特点在左侧的"分类"列表中选择合适的数据分类，然后在右侧"类型"列表中选择相应的分类类型。比如，在输入日期的单元格，将单元格格式设置为"日期"，并选择日期类型，见图 1-7；对于需要输入身份证号码的单元格，则要将单元格格式设置为"文本"，否则身份证号码将以科学计数法的形式显示。

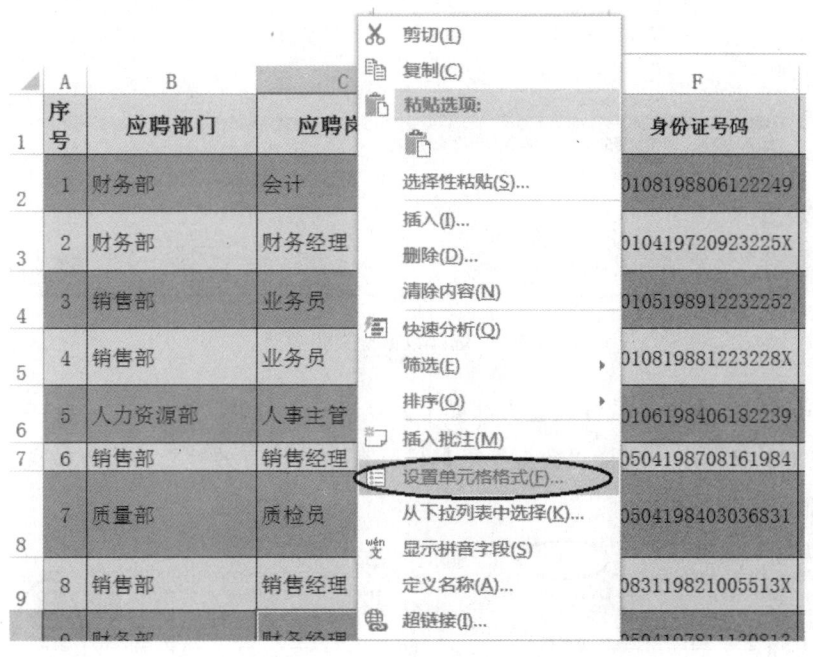

图 1-6 设置单元格格式

（3）使用数据有效性工具。使用数据有效性可定义单元格序列，这样可以直接在下拉列表中选择所需的数据，而不需要手工输入。对于一些固定数据，可以使用数据有效性来快速、准确地输入数据，提高数据输入的有效性，如应聘部门、应聘岗位、民族、婚姻状况等。

在数据工具栏中选择数据有效性命令，可进行相关设置。（在 Excel 2013 中，数据有效性命令改为数据验证命令。）需要注意的是，输入公式时要注意切换中英文输入，所有的标点符号必须是英文输入状态下的标点符号。

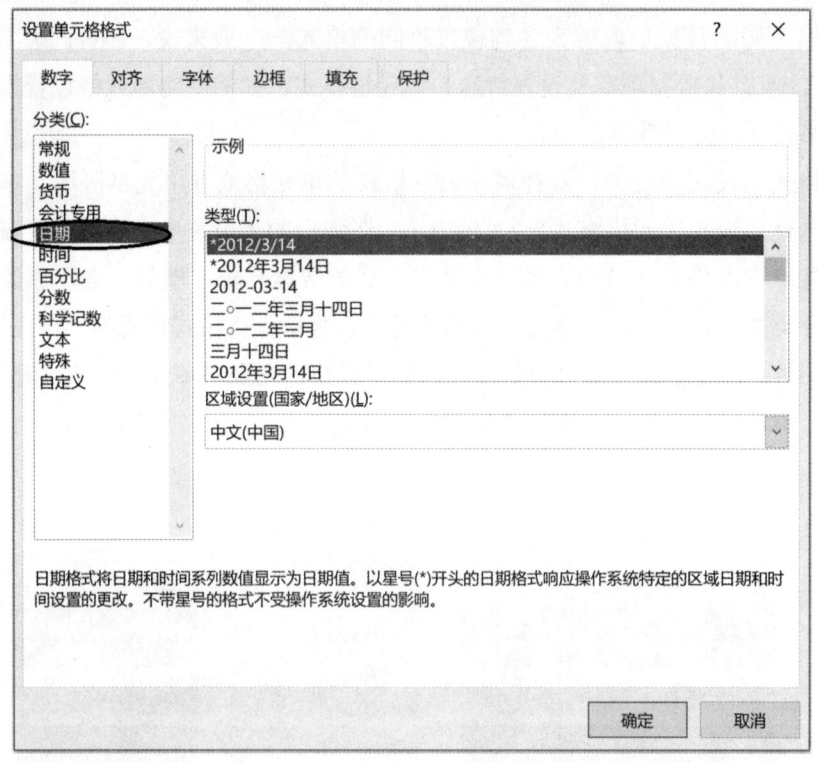

图 1-7　选择数据分类和类型

应聘岗位字段的数据有效性设置方法如下。

① 选中 C2 单元格，选择"数据"工具栏，在"数据有效性"命令下拉菜单中选择"数据有效性"命令，见图 1-8。

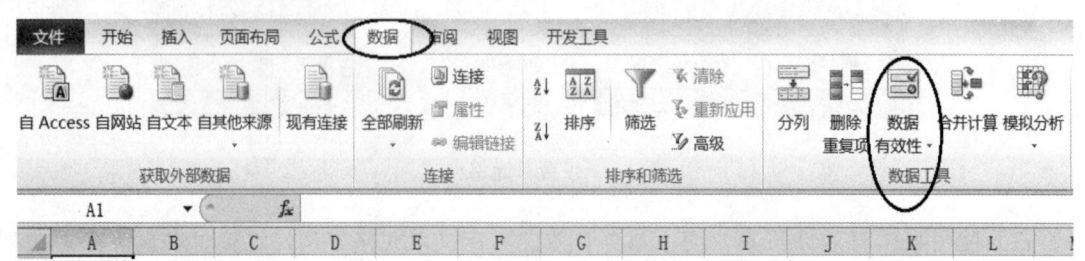

图 1-8　设置数据有效性（1）

② 在弹出的"数据有效性"窗口中，选择"设置"标签，在有效性条件"允许"下选择"序列"，在数据"来源"一栏中输入各岗位名称，注意岗位之间以英文的逗号相隔，最后单击"确定"按钮，见图 1-9。

③ 对于其他需要设置数字有效性的各列按照上述方法进行设置，如应聘部门、最高学历等。

④ 设置数据有效性时还可以增加"出错警告"。比如，当用户试图向单元格手工输入岗位名称时，系统将有警告弹出，提示用户只能在下拉列表中选择应聘岗位而不能手动输入，

防止错误的发生。

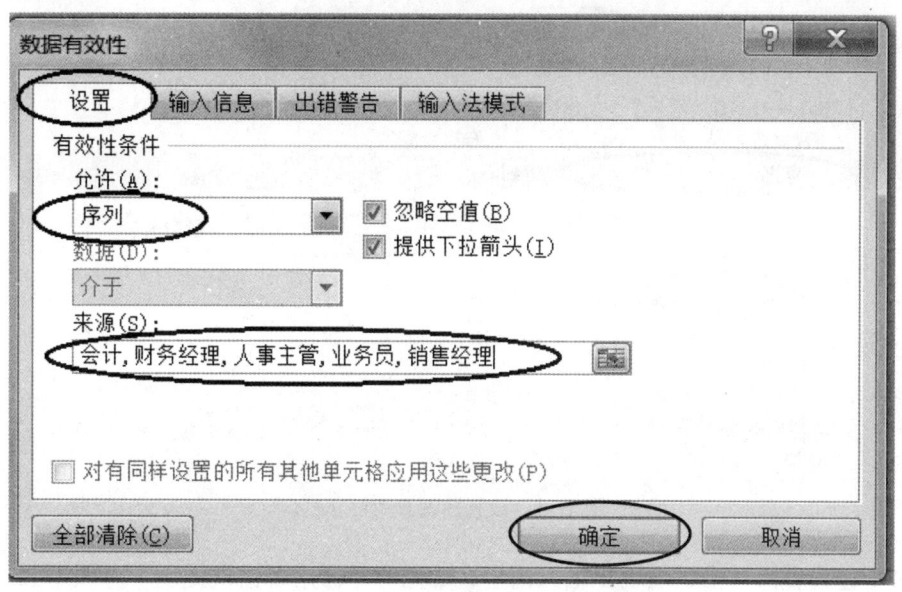

图 1-9　设置数据有效性（2）

设置出错警告的步骤如下：

在"数据有效性"窗口中，选择"输入法模式"标签，在输入法"模式"下拉菜单中选择"关闭（英文模式）"，见图 1-10；

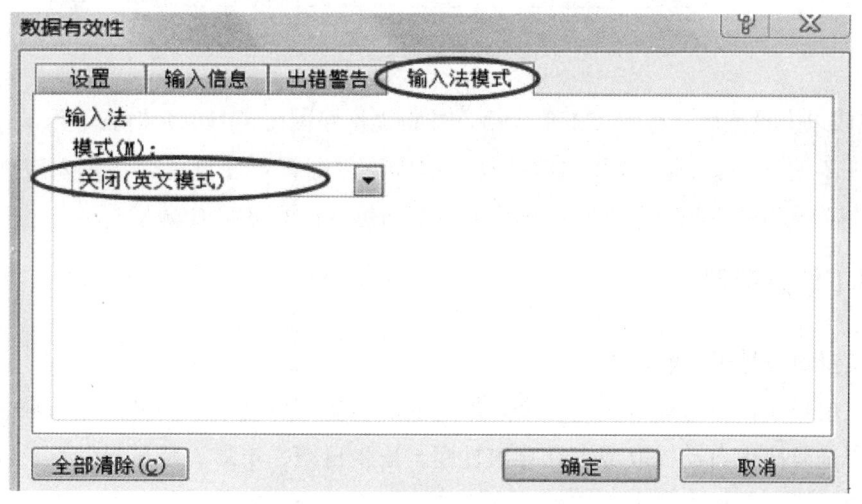

图 1-10　设置数据有效性（3）

在"数据有效性"窗口的"出错警告"标签中，将显示出错警告的"样式"设置为"停止"，在"错误信息"文本框中输入"请在下拉菜单中选择岗位，不要输入"，见图 1-11；

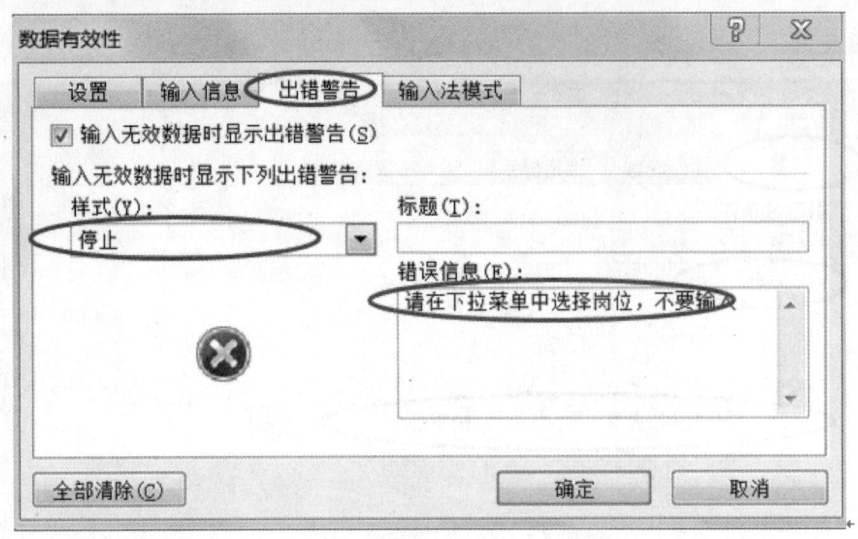

图 1-11 设置数据有效性（4）

完成上述设置后，当试图手工输入岗位或部门时，会出现错误提示，见图 1-12。

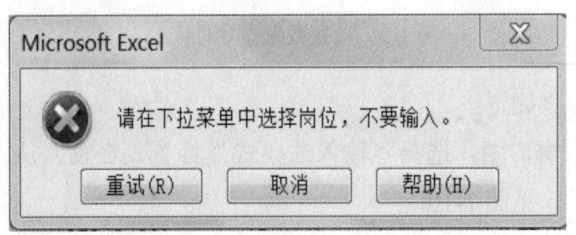

图 1-12 设置数据有效性（5）

⑤ 完成以上设置后，选中 C2 单元格，并将光标停留在 C2 单元格右下角，当光标变成填充柄"＋"时按住鼠标左键并向下拖动，即向下复制有效性设置。当录入应聘人员信息时，在 C 列单元格的下拉菜单选项中选择适合的岗位名称即可完成输入。

1.2.2 员工信息管理

（1）从身份证号码提取相关信息。

在员工信息中，身份证号码是一个非常重要的信息，也是一个必需的输入项。利用公式可以从身份证号码中自动提取或者计算出性别、出生日期、年龄、籍贯等信息，既可以提高数据输入的速度，又可以最大限度地减少手工录入产生错误的可能性。如果没有应聘人员身份证号码，也可删除公式后手工输入信息。

利用身份证号码提取相关信息的步骤如下。

① 在 F 列输入身份证号码。

② 在单元格 E2 中输入判断性别的公式，并利用单元格右下角的填充柄向下复制此公式：

=IF(F2="","",IF(ISEVEN(MID(F2,17,1)),"女","男"))

③ 在单元格 G2 中输入获取出生日期的公式，并向下复制此公式：

=IF(F2="","",1*TEXT(MID(F2,7,8),"0000-00-00"))

④ 在单元格 H2 中输入获取年龄的公式，并向下复制此公式：

=IF(F2="","",DATEDIF(G2,TODAY(),"y"))

⑤ 在单元格 N2 中输入获取籍贯的公式，并向下复制此公式：

=IF(F2="","",VLOOKUP(1*LEFT(F2,4),地区码,2,0)&VLOOKUP(1*LEFT(F2,6),地区码,2,0))

注意：在此公式中出现了一个数据区域名称"地区码"，身份证号码中籍贯信息的提取需要用到 "地区码"中的数据。可预先新建工作表并命名为"地区码"，在工作表中输入地区码和对应的籍贯，并将数据区域命名为"地区码"，最后将此工作表隐藏。

函数说明：

IF 函数：条件判断函数，根据指定的条件来判断"真"（TRUE）、"假"（FALSE），从而返回相应的内容。

VLOOKUP 函数：在给定区域内按列查找并返回所要查找的值。

ISEVEN 函数：判断其参数是不是偶数，如果是偶数就返回 TRUE，否则返回 FASLE。

MID 函数：从一个字符串中截取出指定数量字符。

TEXT 函数：将数值转化为自己想要的文本格式。

DATEDIF 函数：返回两个日期之间的年/月/日间隔数，本例中返回年数。

LEFT 函数：从一个文本字符串的第一个字符开始返回指定个数的字符。

（2）为了便于查看数据，可以对数据区域设置条件格式，使数据区域的奇偶行显示不同的颜色，具体操作如下。

① 选择"应聘人员基本信息"工作表，单击"开始"菜单栏中的"条件格式"项，见图 1-13。

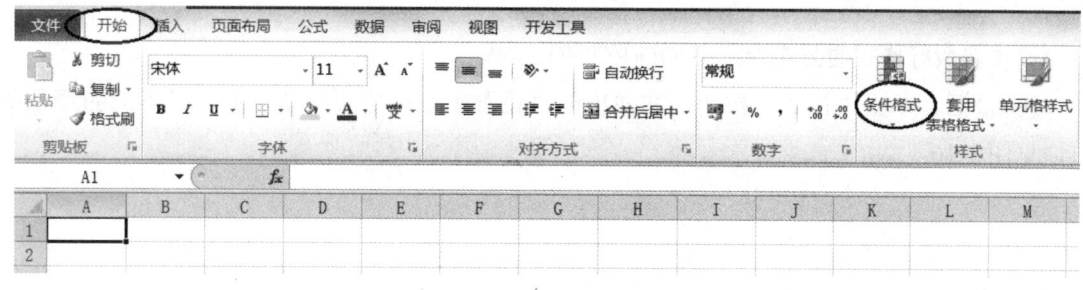

图 1-13   设置条件格式

② 在"条件格式"命令列表中选择"新建规则"，见图 1-14。

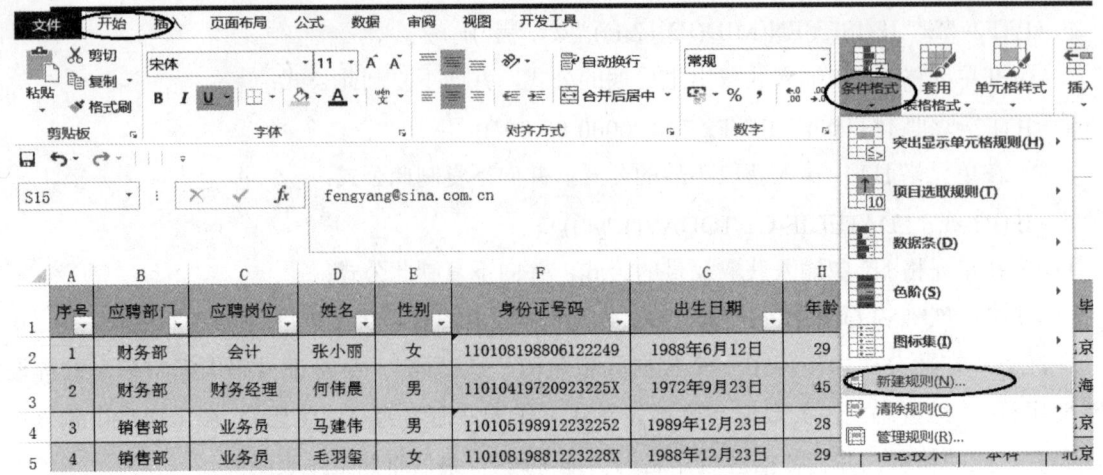

图1-14 设置条件格式——新建规则

③ 在弹出的"新建格式规则"窗口中，将"选择规则类型"设置为"使用公式确定要设置格式的单元格"，在"为符合此公式的值设置格式"中输入公式设置偶数行格式，见图 1-15。

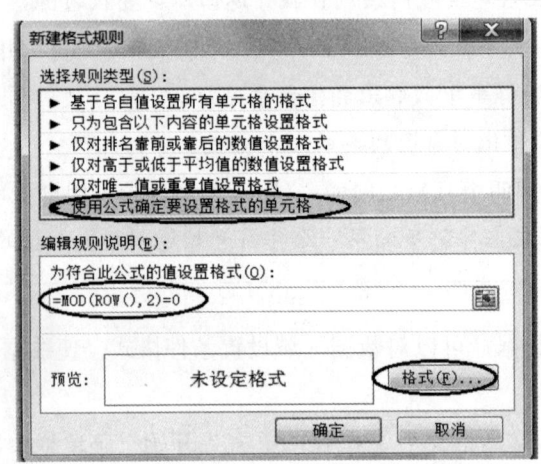

图1-15 设置条件格式——新建格式规则

设置偶数行格式的公式为：=MOD(ROW(),2)=0。

④ 最后，单击"格式"按钮，在弹出的"设置单元格格式"窗口中选择不同的颜色即可，见图1-16。

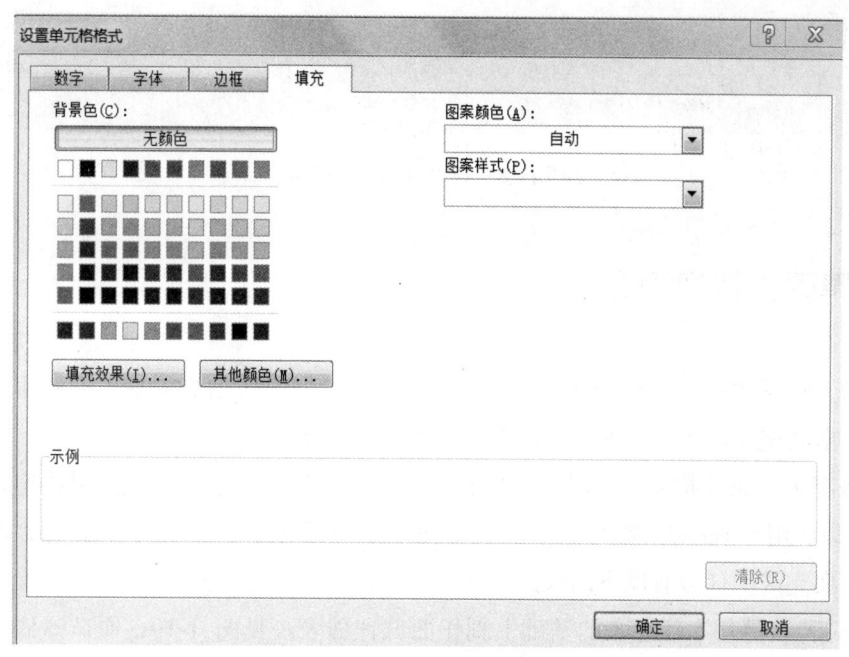

图 1-16 设置条件格式——设置单元格格式

⑤ 重复上述步骤,为奇数行设置不同的格式。

设置奇数行格式的公式为:=MOD(ROW(),2)=1

> 函数说明:
>
> ROW 函数:返回公式所在单元格的行号。
>
> MOD 函数:计算两数相除的余数。

(3)对应聘人员信息进行筛选分析。

通过 Excel 提供的自动筛选功能,可以对应聘人员信息进行各种筛选分析,以便更方便地找到所需要的各种信息。

首先,选择表格的标题行,单击"开始"工具栏中的"排序和筛选"命令按钮,在下拉菜单中选择"筛选"即可,见图 1-17。添加筛选后从标题行中选择相关信息会非常方便,见图 1-18。比如,可以按应聘部门、按应聘岗位、按最高学历等进行筛选,以便快捷地得到所需要的相关信息。

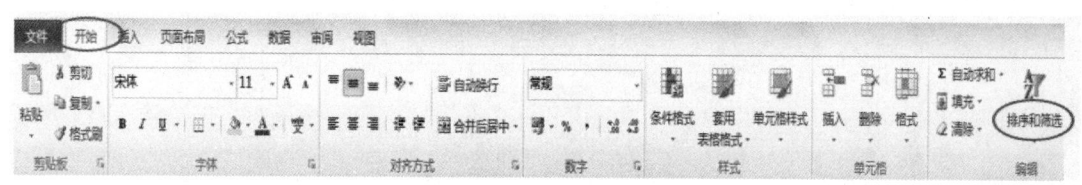

图 1-17 设置筛选

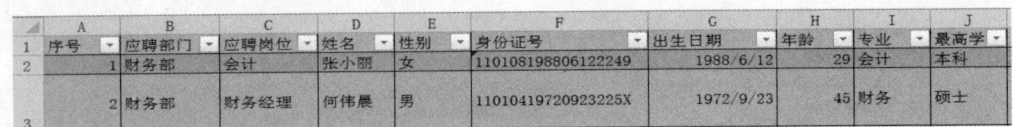

序号	应聘部门	应聘岗位	姓名	性别	身份证号	出生日期	年龄	专业	最高学
1	财务部	会计	张小丽	女	110108198806122249	1988/6/12	29	会计	本科
2	财务部	财务经理	何伟晨	男	11010419720923225X	1972/9/23	45	财务	硕士

图 1-18   设置自动筛选效果

1.3   招聘面试信息管理

当应聘人员基本信息整理完成后，便形成了所有应聘人员信息的基础资料库。在进行初步筛选并发出面试通知单后，就进入招聘工作的下一个环节。

一般情况下，企业招聘员工时要对应聘人员进行面试，并根据面试结果决定是否录取试用。我们可以利用 Excel 对应聘人员的面试过程和面试结果进行管理，以提高招聘工作的效率。

本节需要完成的任务有以下两项。

① 在应聘人员基本信息表的基础上制作面试评估表，见图 1-19。面试评估表分为三部分，分别是应聘人员的一般信息、聘用建议、对应聘者评价情况。

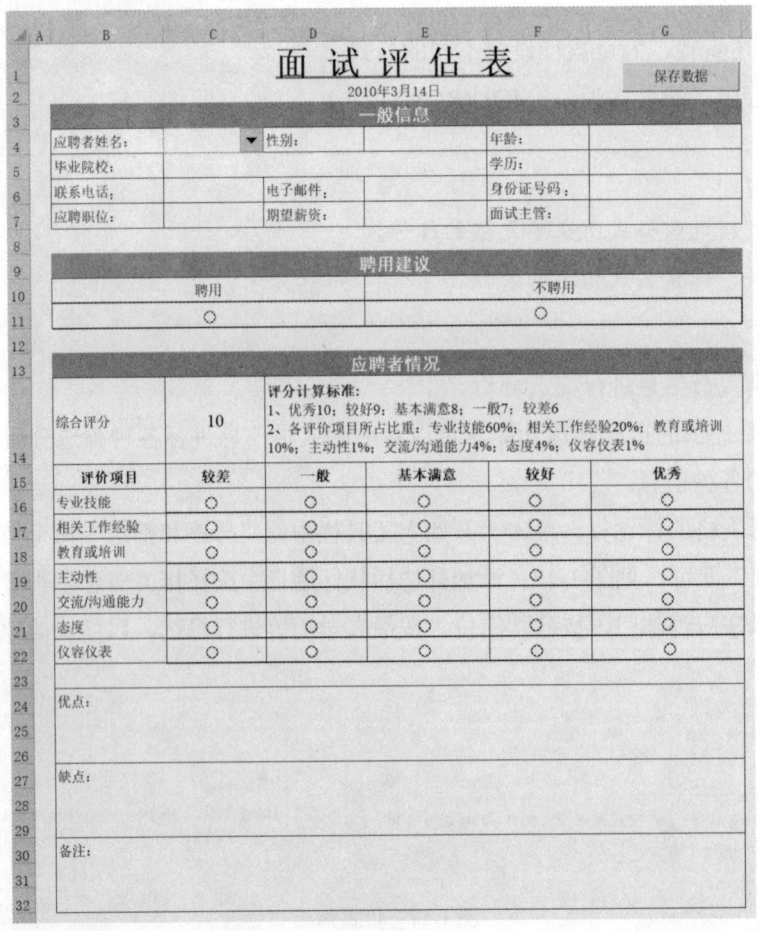

图 1-19   面试评估表

② 根据面试评估表中的数据信息，运行 VBA 程序后自动生成面试评估数据库，见图 1-20。

	A	B	C	D	E	F	G	H
1	应聘者姓名	性别	年龄	毕业学校	最高学历	手机号码	电子邮箱	身份证号码
2	张小丽	女	21	北京财经学院	本科	13852385502	zxl@163.com	110108198806122249
3	何伟晨	男	37	上海财贸大学	硕士	13947731922	hwc@yahoo.com.cn	11010419720923225X
4	马建伟	男	20	北京技术学院	本科	13524886673	mjw2000@163.com	110105198912232252

I	J	K	L	M	N	O	P	Q
应聘岗位	期望薪资	综合评分	聘用建议	优点	缺点	面试官	面试时间	备注
会计	4000	8.26	聘用			陈敏	2016-09-14	
财务经理	6000	9.8	聘用			陈敏	2016-09-14	
业务员	2000	6.92	不聘用			陈敏	2016-09-14	

图 1-20　生成面试评估数据库

1.3.1　面试评估表解析

本例中面试评估表分为三个部分。

第一部分是应聘人员的一般信息。注意这部分信息的具体内容不是手工输入的，而是在应聘人员基本信息表的基础上通过公式导入的，应聘人员基本信息表是数据来源。

第二部分是聘用建议。这部分是面试官对应聘人员进行评估后，根据综合评分及其他意见确定是否聘用，采用两个单选按钮进行选择。

第三部分是应聘者情况的反馈。这部分内容主要是对应聘人员各方面的评价、综合评分计算结果和优缺点的简要说明。评价共分为七个项目，每个项目包括五个不同级别，用单选按钮对每个项目进行评价。表中"综合评分"是利用公式对所有评价项目进行综合后的计算结果，其计算依据是：优秀 10 分，较好 9 分，基本满意 8 分，一般 7 分，较差 6 分。各评价项目所占比重分别是：专业技能 60%，相关工作经验 20%，教育或培训 10%，主动性 1%，交流/沟通能力 4%，态度 4%，仪容仪表 1%。综合评分满分 10 分，分数越高，说明该应聘人员的综合能力越强。

1.3.2　面试评估表结构设计制作

面试评估表结构如图 1-19 所示，制作时注意合理设置整个表格的大小、行高和列宽，选择合适的字体、字号，使整个页面恰好能打印在一张 A4 纸上。面试评估表的设计制作过程如下。

（1）在"招聘管理"工作簿中新建一个新的工作表，命名为"面试评估表"。

（2）制作表头。一般数据表不需要表头，即标题等其他信息，但本节制作的面试评估表是为了最终打印出面试结果，所以页面的整洁美观、清晰明确也非常重要，需要合理设计评估表格式。合并单元格 B1:G1，输入表头"面试评估表"，单击右键选择"单元格格式"按钮，设置合适的字体、字号，并居中。

（3）合并 B2:G2 单元格，输入面试日期；合并 B3:G3 单元格，输入文字"一般信息"，同时为合并的单元格设置单元格格式，设置合适的字体、字号，并选择填充色，使此栏与其他各栏能有比较明显的区别，见图 1-21。

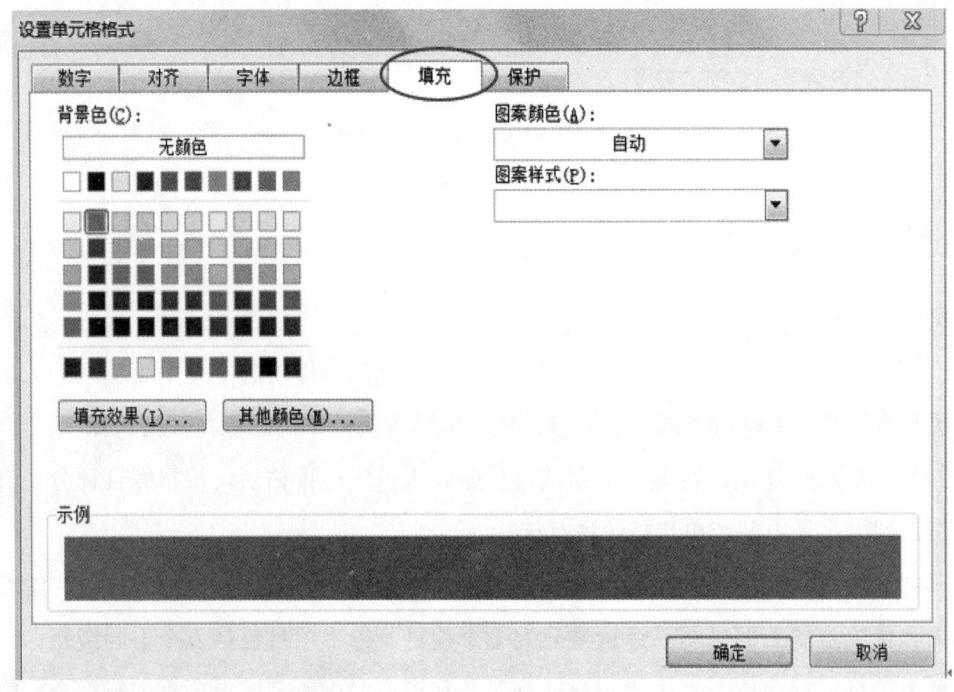

图 1-21　设置单元格填充色

（4）填充栏目信息：在 B4:F7 单元格区域中的相应位置分别输入应聘者姓名、性别、年龄、毕业院校、学历、联系电话、电子邮件、身份证号码、应聘职位、期望薪资、面试主管等项目名称。

（5）在聘用建议、应聘者情况等区域相关单元格输入相应的栏目名称，并按要求进行调整，注意单元格的高度和列宽，保持页面的整洁美观。

（6）所有单选按钮区域先行空出，下文将详细介绍插入单选按钮的步骤。

1.3.3 面试评估表内容充实

面试评估表框架和结构完成后，由于手工录入应聘人员的每项基本信息，错误率会比较高，而且效率较低，所以可以利用前面已经完成的应聘人员基本信息表，将相关内容的数据直接引入面试评估表，这样会极大地提高工作效率，减少错误率，这也是 Excel 的强大功能之一。下面将详解如何利用应聘人员基本信息表来获取相关数据，并自动输入到面试评估表中的相应位置。

（1）定义名称。在 Excel 中可以把一个区域、常量值、数组或者公式定义一个名称，当需要引用这个区域、常量值、数组或者公式时，可以直接使用自定义后的名称，而不用重复输入区域内容、常量值、数组或者公式。因此，在使用 Excel 进行大批量数据处理的时候，合理地使用"定义名称"功能，可以极大地减少输入的工作量，并且更加方便、快捷、高效。定义名称的步骤如下。

① 在"公式"工具栏中选择"名称管理器"命令，打开"名称管理器"窗口后，单击"新建"命令，见图 1-22。

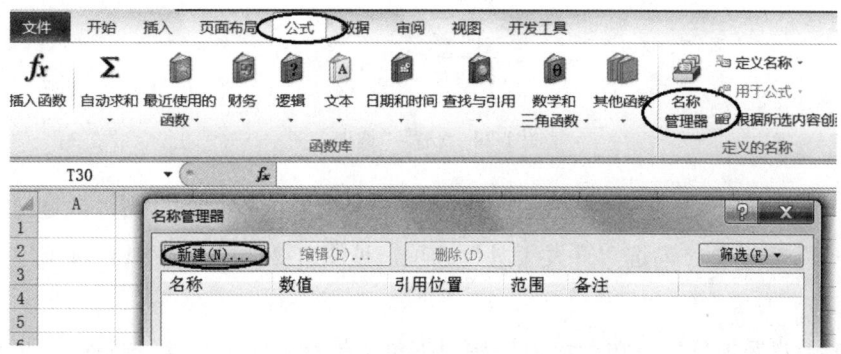

图 1-22 打开"名称管理器"

② 在弹出的"新建名称"窗口中，在"名称"一栏中输入"姓名"，在"引用位置"输入：
＝应聘人员基本信息!$D$2:$D$1000
表示引用应聘人员基本信息表中 D 列第 2 行到第 1000 行的数据，见图 1-23。

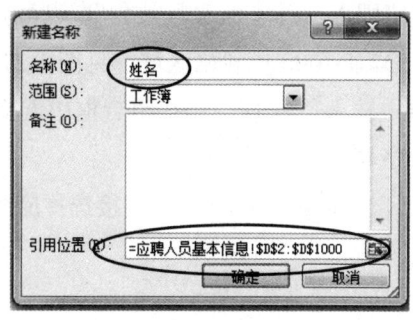

图 1-23 定义名称

（2）插入组合框窗体控件。组合框是一个 Excel 单元格中的下拉列表框，用户可以在获得的下拉列表中选择项目，选择的项目将出现在上方的文本框中。插入组合窗体控件的步骤如下。

① 单击"文件"命令，在下拉菜单中选择"选项"，见图 1-24。

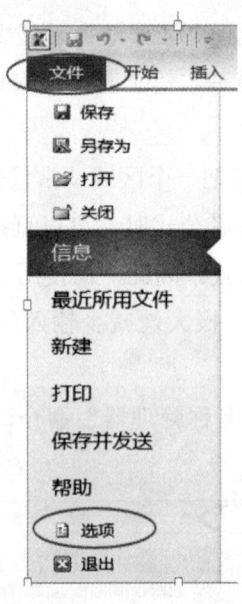

图 1-24　设置"选项"

② 在打开的"Excel 选项"命令中选择"自定义功能区"，在右侧"自定义功能区"中的"主选项卡"菜单下，勾选"开发工具"选项，见图 1-25，此时工具栏选项中会出现"开发工具"。

③ 单击"开发工具"，在"插入"按钮下单击组合框窗体控件，见图 1-26；此时鼠标变成"＋"，在 C4 单元格拖拽鼠标即可插入一个组合框窗体控件，注意调整窗体控件大小。

④ 将鼠标置于窗体控件上并单击右键，选择"设置控件格式"命令；在弹出的"设置控件格式"窗口中单击"控制"标签，其中"数据源区域"应为应聘人员基本信息表中的员工姓名，可在输入框中输入"应聘人员基本信息! 姓名"，也可利用输入框后的区域选择按钮选择应聘人员基本信息表中的 D2:D1000 单元格区域，见图 1-27。

在"单元格链接"输入框中输入"IV1"，当在组合框中选择某个应聘人员的姓名时，单元格 IV1 将保存该应聘人员的序号。

⑤ 插入组合框窗体控件后，可以在下拉列表中直接选择应聘者的姓名。

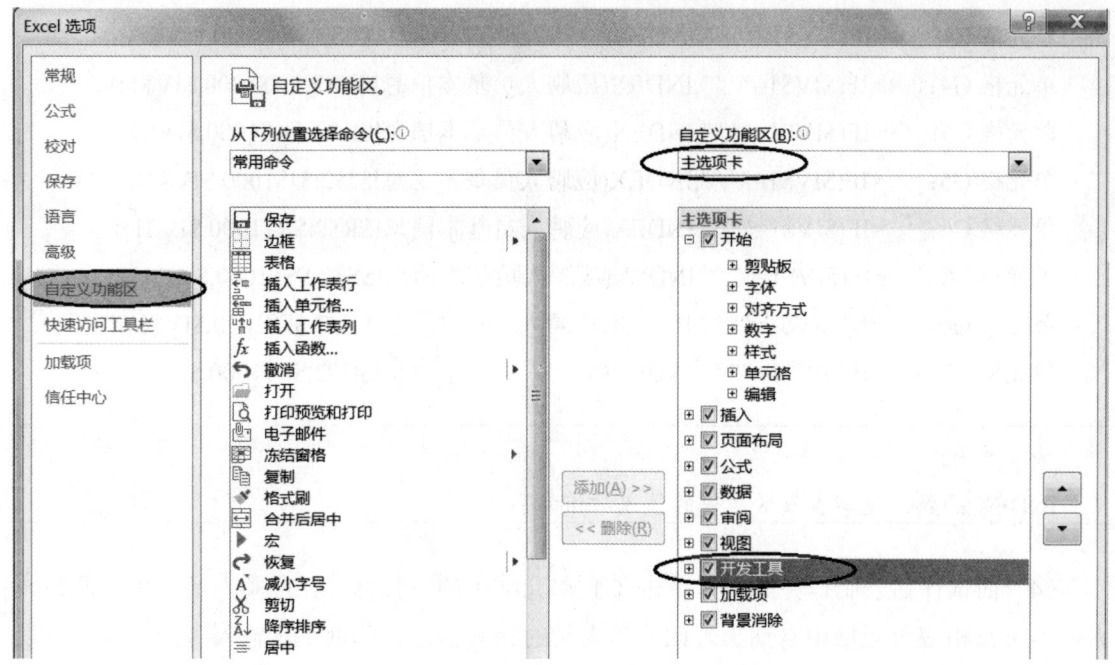

图 1-25 选择"开发工具"

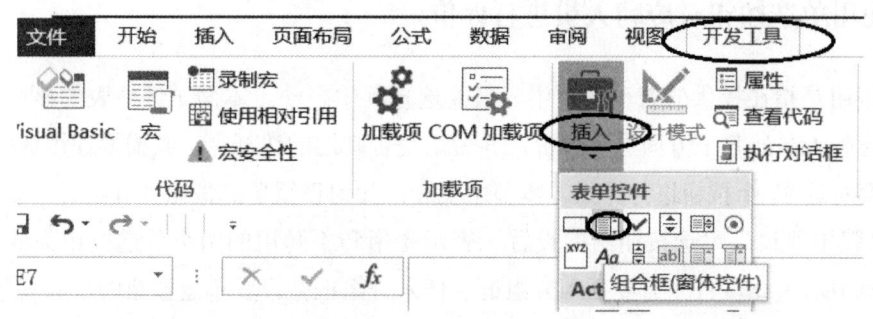

图 1-26 插入窗体控件

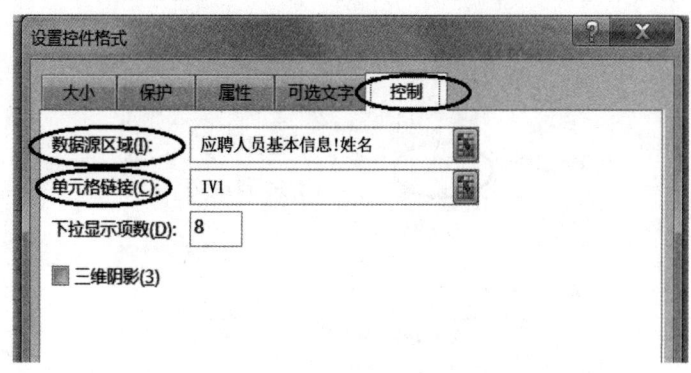

图 1-27 设置区域选择按钮

（3）在面试评估表中"一般信息"栏目的相关单元格中输入下列公式，以便在从组合框中选择某个应聘者后，快速输入相应的数据：

单元格 E4：	=IF($IV$1="","",INDEX(应聘人员基本信息!$E$2:$E$1000,$IV$1))
单元格 G4：	=IF($IV$1="","",INDEX(应聘人员基本信息!$H$2:$H$1000,$IV$1))
单元格 C5：	=IF($IV$1="","",INDEX(应聘人员基本信息!$K$2:$K$1000,$IV$1))
单元格 G5：	=IF($IV$1="","",INDEX(应聘人员基本信息!$J$2:$J$1000,$IV$1))
单元格 C6：	=IF($IV$1="","",INDEX(应聘人员基本信息!$R$2:$R$1000,$IV$1))
单元格 E6：	=IF($IV$1="","",INDEX(应聘人员基本信息!$S$2:$S$1000,$IV$1))
单元格 G6：	=IF($IV$1="","",INDEX(应聘人员基本信息!$F$2:$F$1000,$IV$1))
单元格 C7：	=IF($IV$1="","",INDEX(应聘人员基本信息!$C$2:$C$1000,$IV$1))

函数说明：

INDEX 函数：返回表或区域中的值或对值的引用。

（4）面试评估表制作完成后，单击 C4 单元格中的下拉框，在应聘人员名单中选择一人，即可在相应单元格中自动出现此应聘人员的相关信息，降低手工输入可能导致的错误率。注意面试评估表中"期望薪资"和"面试主管"两项内容的具体数据由手工输入。

1.3.4　使用单选按钮对应聘人员进行评价

单选按钮是指在提供的若干选项中，只能选择其中之一。本面试评估表的核心是使用单选按钮对应聘人员的各个方面进行评价，并做出是否聘用的选择，一共需要使用 37 个单选按钮，并且要对这 37 个按钮进行分组。本节主要介绍如何设置单选按钮并分组。

（1）"聘用建议"单选按钮组的设置。表示聘用和不聘用的两个单选按钮需要设置在同一个分组框中，因此，首先需要插入分组框。插入分组框并设置单选按钮的步骤如下。

① 选择单元格 B11:G11，插入分组框窗体控件。单击"开发工具"选项卡，在"插入"命令菜单下拉菜单中选择"表单控件"中的"分组框（窗体控件）"，见图 1-28。

图 1-28　插入分组框窗体控件

② 单击"分组框（窗体控件）"按钮，当鼠标变成"＋"时，在单元格区域 B11:G11 的位置插入一个分组框窗体控件，将分组框左上角的标题文字"分组框 1"删除，注意调整分组框大小与 B11:G11 单元区域大小一致，见图 1-29。

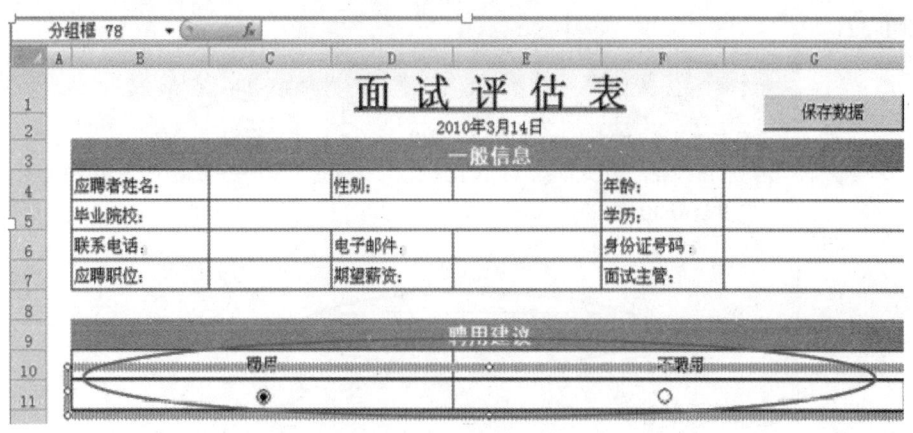

图 1-29　设置分组框

③ 在这个分组框内部插入两个单选按钮。单击"开发工具"选项卡，在"插入"命令下拉菜单中选择"表单控件"中的"选项按钮（窗体控件）"，见图 1-30。

图 1-30　插入单选按钮

④ 单击"选项按钮"，当鼠标变成"＋"时，分别在单元格 C11 和 F11 中插入选项按钮，并调整按钮的位置。需要注意的是，两个选项按钮必须都在分组框内，不能出分组框的边线，否则将不能实现两个按钮的单选功能，见图 1-31。

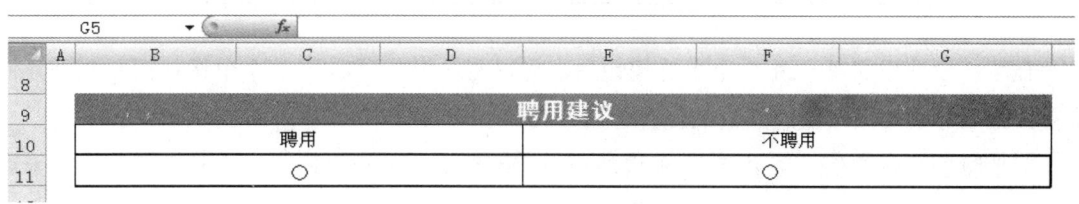

图 1-31　插入并调整选项按钮

⑤ 首先删除两个单选按钮的标题文字"选项按钮 1""选项按钮 2",然后右键单击任一单选按钮,选择快捷菜单中的"设置控件格式"命令,在弹出的窗口中选择"控制"选项卡,在"单元格链接"框中输入"B11",这样就将两个单选按钮的返回值保存在单元格 B11 中,见图 1-32。

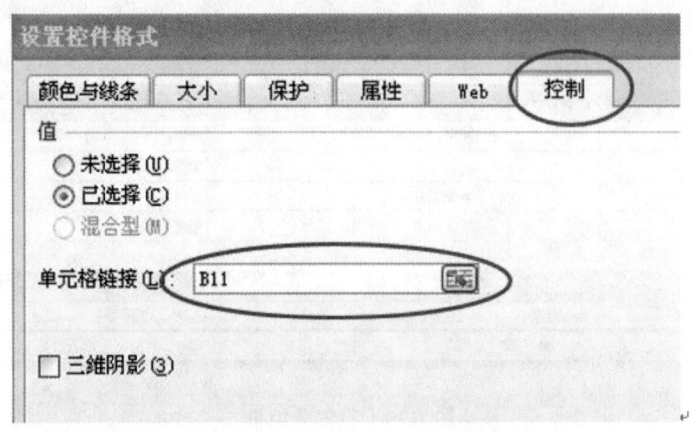

图 1-32　为单选按钮设定返回值

(2)应聘者情况中的 7 组评价项目包括 35 个单选按钮,现将设置步骤做如下说明。

将 7 组评价项目的 35 个单选按钮,分为 5 组,每组 5 个单选按钮,一共用 5 个分组框来进行分组。设计方法和步骤同上,首先插入分组框,然后在分组框中插入 5 个单选按钮,每组单选按钮的位置及其返回值的保存位置见表 1-1。

表 1-1　面试评估表单选按钮的位置及返回值的保存位置

评价项目	单选按钮个数	单选钮的位置	单选按钮返回值的保存位置
专业技能	5	单元格区域 C16:G16	C16
相关工作经验	5	单元格区域 C17:G17	C17
教育或培训	5	单元格区域 C18:G18	C18
主动性	5	单元格区域 C19:G19	C19
交流/沟通能力	5	单元格区域 C20:G20	C20
态度	5	单元格区域 C21:G21	C21
仪容仪表	5	单元格区域 C22:G22	C22

技巧:设计完成第一组 5 个单选按钮后,可以将这组分组框和 5 个单选按钮复制到其他位置,最后分别修改按钮返回值的保存位置即可。

需要特别注意的是,每组 5 个单选按钮一定要在同一分组框内,如果有按钮边框在分组框之外,就会与其他按钮产生关联,无法正确实现单选功能。另外,为了页面的美观,应该尽量将分组框线与表格线重合，单选按钮线与单元格线重合，这样整体页面会简洁清晰，见图 1-33。

15	评价项目	较差	一般	基本满意	较好	优秀
16	专业技能	○	○	○	○	◉
17	相关工作经验	○	◉	○	○	○
18	教育和培训	○	○	○	○	◉
19	主动性	○	○	○	○	◉
20	交流/沟通能力	○	○	○	○	◉
21	态度	○	○	○	◉	○
22	仪容仪表	○	○	○	○	◉
23						

图 1-33　分组框线与表格线设置

（3）单选按钮返回值将会保存在相应的单元格中，但表格中显示这些数字会影响美观，所以，可以将单元格 B11，以及单元格区域 C16:C22 的字体颜色设置为白色。

1.3.5　计算对应聘人员的评价结果

设置完单选按钮，有了对应聘人员的各项评价结果，就可以利用数组公式来计算应聘人员的综合评分了，即根据每个项目的赋值比重和大小，最终计算出对应聘人员的综合评分，具体步骤如下。

（1）在单元格 C14 中输入下面的数组公式：

=SUMPRODUCT({0.6;0.2;0.1;0.01;0.04;0.04;0.01},IF(C16:C22=1,6,IF(C16:C22=2,7,IF(C16:C22=3,8,IF(C16:C22=4,9,10)))))

> 函数说明：
> SUMPRODUCT 函数：返回相应的区域或数组乘积的和。

（2）输入公式后，同时按下【Ctrl+Shift+Enter】组合键，即可运行公式得到应聘人员最终的综合评分，见图 1-34。

注意：公式中使用了数组常量{0.6;0.2;0.1;0.01;0.04;0.04;0.01}，如果实际工作中对应聘人员各项指标的评分标准改变了，则需要对这个数组常量进行修改。

图 1-34　运行公式得到应聘人员综合评分

1.4　将面试评估结果自动保存到数据库中

为了便于对所有应聘人员的面试评估数据进行自动高效的管理，便于快速查阅和筛选，需要建立一个应聘人员面试评估数据库，将每个应聘人员的面试评估数据保存到这个数据库中。为了实现这样的功能，就需要以面试评估表作为数据录入界面，利用 VBA 编写一个自动保存数据的程序，在对某个应聘人员进行面试评估以后，只要单击"保存结果"按钮，就可以将该应聘人员的面试评估数据保存到应聘人员面试评估数据库中。

1.4.1　建立面试评估数据库

建立面试评估数据库工作表的目的是为了将面试评估表中生成的面试数据结果自动保存到其中。面试评估数据库的完成步骤如下。

（1）新建一个工作表，表头数据项应当与面试评估表中的基本信息部分及面试部分一致，即列标题分别为：应聘者姓名、性别、年龄、毕业院校、学历、联系电话、电子邮件、身份证号码、应聘职位、期望薪资、综合评分、聘用建议、优点、缺点、面试官、面试时间、备注等，见图 1-35。

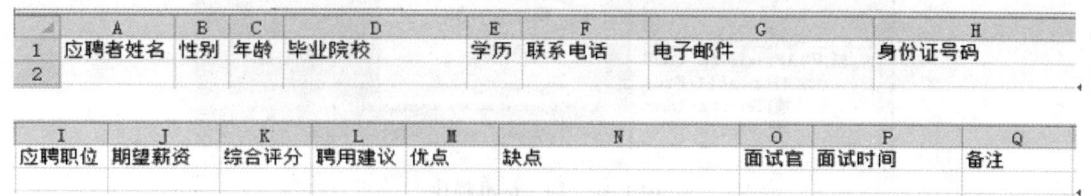

图 1-35　面试评估数据库表头

（2）双击工作表标签，将此工作表命名为"面试评估数据库"。

1.4.2　编写插入 VBA 程序

要想通过面试评估表来获取最终的面试评估数据，就需要在面试评估表界面上插入并运行 VBA 程序，并将运行结果保存到面试评估数据库中。编写插入 VBA 程序的步骤如下。

（1）在工具栏中添加"开发工具"选项卡。单击 Visual Basic 命令，打开 Visual Basic 编辑窗口，见图 1-36。

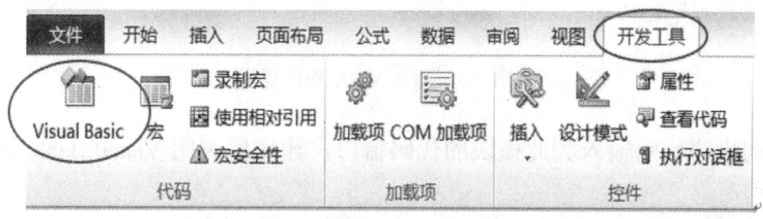

图 1-36　打开 VBA 编辑窗口

也可同时按下【Alt+F11】组合键，打开 Visual Basic 编辑窗口，见图 1-37。

图 1-37　打开 VBA 编辑窗口

（2）选择"插入"命令，在下拉菜单中选择"模块"命令，插入一个标准模块，见图 1-38。

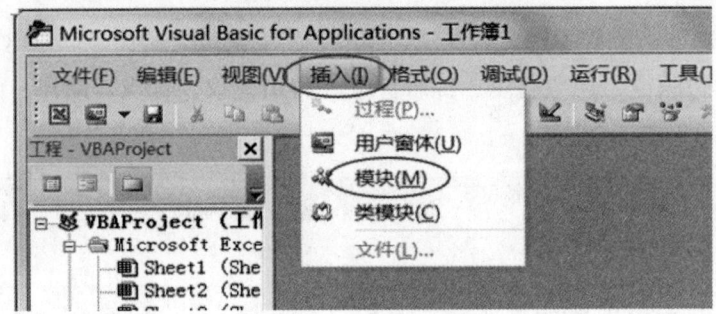

图 1-38　插入标准模块

（3）此时，插入标准"模块"对话框打开，显示插入 VBA 程序界面，见图 1-39。

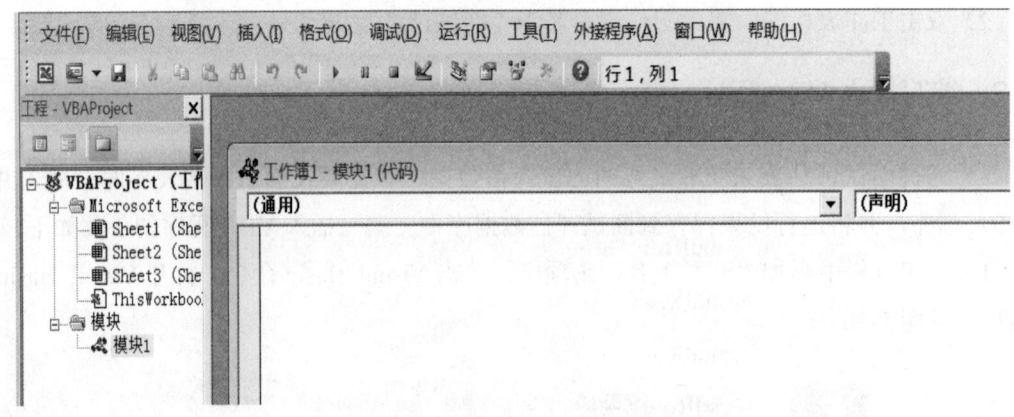

图 1-39　插入 VBA 程序界面

（4）将下列程序代码输入到此模块的代码窗口，输完后关闭 Visual Basic 编辑器窗口。

```vba
Public Sub SaveData()
    Dim ws0 As Worksheet
    Dim ws1 As Worksheet
    Dim FinalRow As Integer
    Set ws0 = Worksheets("面试评估表")
    Set ws1 = Worksheets("面试评估数据库")
    FinalRow = ws1.Range("A65536").End(xlUp).Row + 1
    If ws0.Range("B2") = "" _
        Or ws0.Range("IV1") = "" Or ws0.Range("E4") = "" Or ws0.Range("G5") = "" _
        Or ws0.Range("C5") = "" Or ws0.Range("G5") = "" Or ws0.Range("C6") = "" _
        Or ws0.Range("E6") = "" Or ws0.Range("G6") = "" Or ws0.Range("C7") = "" _
        Or ws0.Range("E7") = "" Or ws0.Range("G7") = "" Or ws0.Range("B11") = "" _
        Or ws0.Range("C16") = "" Or ws0.Range("C17") = "" Or ws0.Range("C18") = "" _
```

```vb
            Or ws0.Range("C19") = "" Or ws0.Range("C20") = "" Or ws0.Range("C21") = "" _
            Or ws0.Range("C22") = "" Then
            MsgBox "没有输入日期、应聘人员基本信息，或者对应聘人员做出评估！", _
vbCritical, "警告"
            Exit Sub
        End If
        With ws1
            .Range("A" & FinalRow) = WorksheetFunction.Index(Worksheets("应聘人员基本信
息").Range("C2:C1000"), ws0.Range("IV1"))
            .Range("B" & FinalRow) = ws0.Range("E4")
            .Range("C" & FinalRow) = ws0.Range("G4")
            .Range("D" & FinalRow) = ws0.Range("C5")
            .Range("E" & FinalRow) = ws0.Range("G5")
            .Range("F" & FinalRow) = ws0.Range("C6")
            .Range("G" & FinalRow) = ws0.Range("E6")
            .Range("H" & FinalRow) = "" & ws0.Range("G6")
            .Range("I" & FinalRow) = ws0.Range("C7")
            .Range("J" & FinalRow) = ws0.Range("E7")
            .Range("K" & FinalRow) = ws0.Range("C14")
            If ws0.Range("B11") = 1 Then
                .Range("L" & FinalRow) = "聘用"
            Else
                .Range("L" & FinalRow) = "不聘用"
            End If
            .Range("M" & FinalRow) = ws0.Range("B25")
            .Range("N" & FinalRow) = ws0.Range("B28")
            .Range("O" & FinalRow) = ws0.Range("G7")
            .Range("P" & FinalRow) = ws0.Range("B2")
            .Range("Q" & FinalRow) = ws0.Range("B31")
            .Columns.AutoFit
        End With
        MsgBox "数据成功保存！", vbInformation + vbOKOnly, "保存数据"
        ws0.Range("E7,G7,B11,C16:C22,B25:G26,B28:G29,B31:G32,IV1").ClearContents
```

```
        Set ws0 = Nothing

            Set ws1 = Nothing

    End Sub
```

程序说明：程序首先判断在面试评估表中是否输入了某个应聘人员的基本数据，以及是否对该应聘人员做出了面试评估，如果不是，就不保存数据；如果是，就将该应聘人员的各项基本数据和面试评估数据保存到"面试评估数据库"工作表中。

1.4.3 设计保存数据命令按钮

完成面试评估数据库和面试评估表并插入 VBA 程序代码后，需要设计一个保存数据命令按钮来将两个表有机地联系起来，当完成对一个应聘人员的面试后，按下保存按钮将其个人信息和应聘结果信息保存到前面所设计完成的面试评估数据库中。设计保存数据按钮的步骤如下。

（1）在"开发工具"选项卡中选择"插入"命令，在其弹出的下拉菜单中单击"表单控件"中的"按钮（窗体控件）"，当鼠标光标变成"＋"形时，在面试评估表适当位置拖拽鼠标即可插入一个命令按钮，见图 1-40。

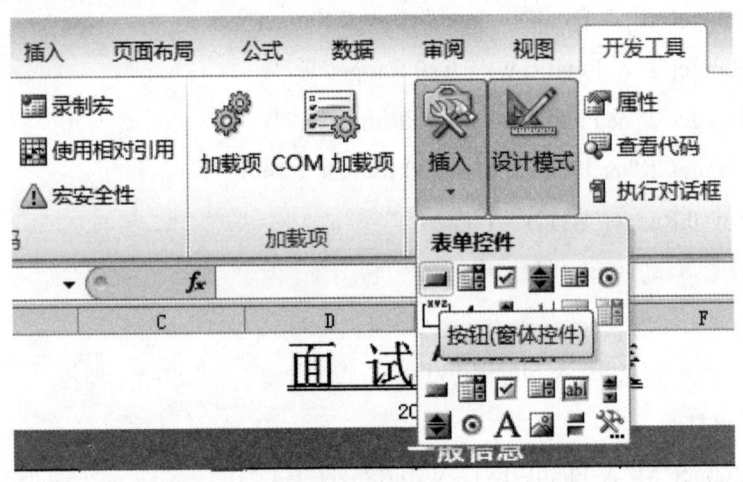

图 1-40　插入命令按钮

（2）插入命令按钮后，弹出"指定宏"窗体，在"宏名"列表框中选择"SaveData"，单击"确定"按钮，见图 1-41；然后将默认的按钮名称改为"保存数据"，见图 1-42。

也可选择"保存数据"按钮，单击右键，在弹出的命令列表中选择"指定宏"命令，见图 1-43。

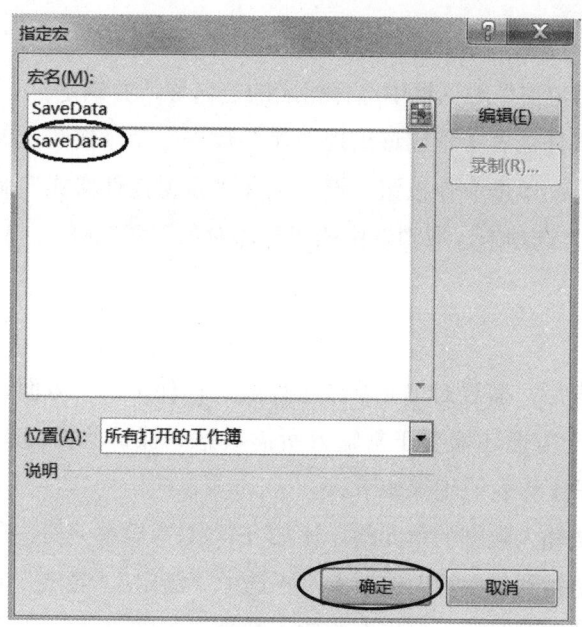

图 1-41　指定宏名

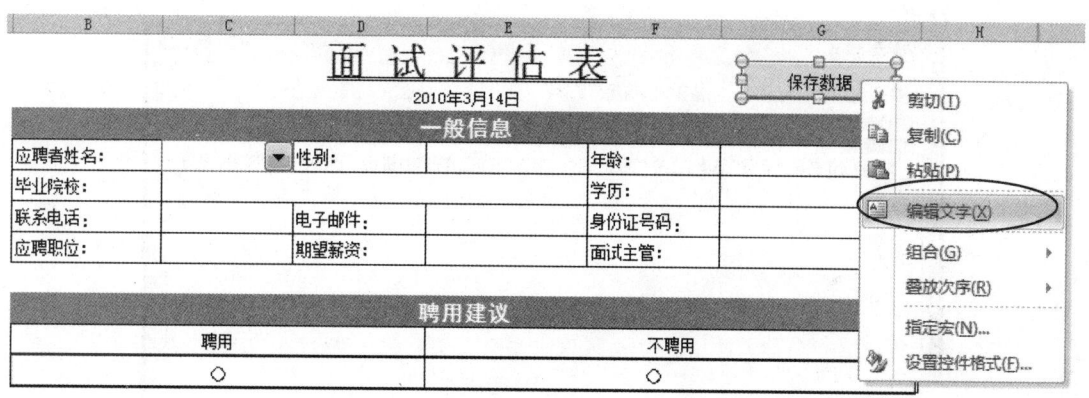

图 1-42　更改命令按钮名称

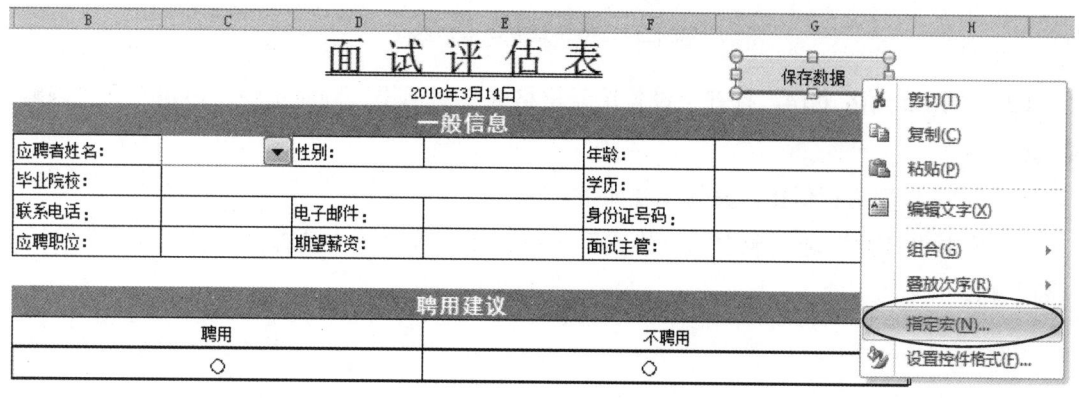

图 1-43　指定宏名

（3）在打开的"指定宏"对话框中选择相应的宏名称，并确定。

（4）打印出的面试评估表中不应该出现"保存数据"命令按钮，因此需要设置该命令按钮的属性。具体操作是：单击命令按钮右键，选择"设置控件格式"命令，打开"设置控件格式"，切换到"属性"选项卡，取消选中的"打印对象"复选框。

1.4.4　保护工作表

设计完面试评估表后，需要对单元格或工作表进行保护，一方面以防因误操作而修改公式或者表格结构，另一方面还需要正常输入所需数据。保护的内容包括：各项目的标题文字、计算公式等。保护工作表的步骤如下。

（1）选中那些需要输入数据的单元格，比如 E7、G7 等单元格，单击右键打开"设置单元格格式"对话框，切换到"保护"选项卡，不选中"锁定""隐藏"复选框，即对那些需要输入数据的单元格不进行锁定和隐藏，可以正常输入数据，见图 1-44。对于保存单选按钮返回值的单元格也要设置单元格格式，不选择锁定和隐藏，以保证能够保存单选按钮返回值。

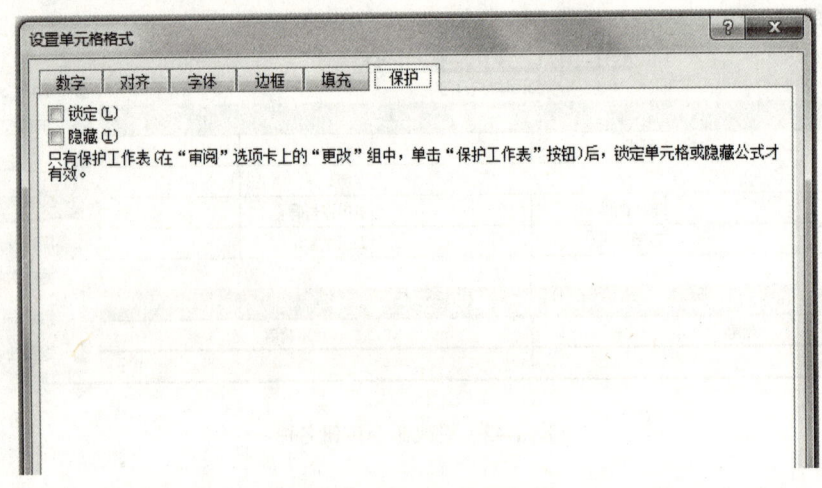

图 1-44　设置单元格保护格式

（2）选择单元格 C14，打开"设置单元格格式"对话框，同时选中"锁定"和"隐藏"复选框。

（3）对工作表进行保护，具体步骤如下。

① 单击"开始"选项卡中的"格式"按钮，在下拉菜单中选择"保护工作表"命令，见图 1-45。

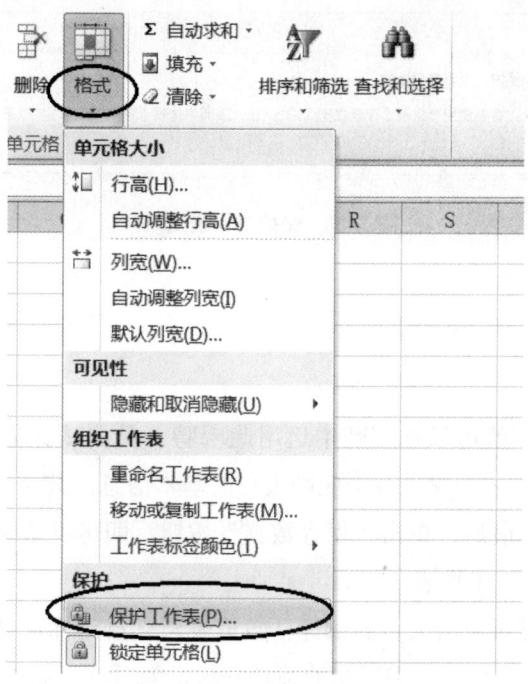

图 1-45　保护工作表设置

② 打开"保护工作表"对话框后，只勾选"选定未锁定单元格"，不勾选"选定锁定单元格"命令，然后单击"确定"按钮即可，见图 1-46。

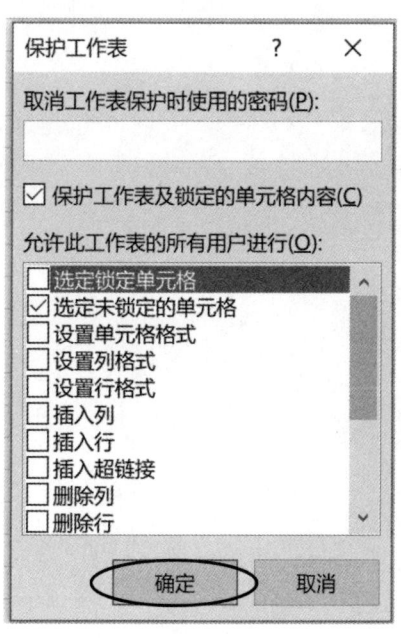

图 1-46　保护工作表设置勾选项

③ 受保护的区域，即锁定的区域成为只读区域，当误操作或试图更改时，会出现提示对话框，从而使单元格的内容得到保护，见图 1-47。

图 1-47　保护工作表效果

1.5　操作演示

　　经过上面的设计后，就可以在招聘中运用此应聘人员面试评估管理系统了。首先，在"应聘人员基本信息"工作表中输入各个应聘人员的基本信息；其次，在"面试评估表"中对应聘人员进行面试评估；最后，单击"保存数据"按钮，即可将该应聘人员的面试评估数据保存到"面试评估数据库"工作表中。

　　完成上述工作后，可对应聘人员面试评估数据表建立自动筛选功能，将满足筛选条件的应聘人员筛选出来，进行多角度、多层次的筛选分析，为后续决策提供依据。

第 2 章

培训管理

员工培训管理是企业人力资源管理的重要组成部分，成功的员工培训对于提高员工的整体素质、增强企业凝聚力以及员工对企业的归属感都能起到良好的促进作用。因此，对员工进行各种管理知识和技能培训是人力资源部门重要的日常工作之一。利用 Excel 可以合理安排员工的培训，准确统计和分析各部门员工的培训情况、培训时间和费用支出情况，做好下一年度的培训计划和预算等。

本章的学习内容：

（1）制作完成新员工培训计划表；

（2）完成培训计划图；

（3）完成员工培训评估表；

（4）完成员工信息表、课程信息表；

（5）利用数据透视表编制统计汇总分析表；

（6）完成培训信息管理系统首页及各内容链接。

本章需要运用的命令和工具：

员工培训中各类基础表格框架的设计和制作，提取时间和日期的各类公式，在 Excel 中利用现有数据区域插入图形的方法，跨工作表引用数据的方法，条件格式的设置，利用数据透视表进行统计分析，超级链接的设置等。

2.1 制作新员工培训计划表和计划图

新员工入职后一般都要进行入职培训。新员工的培训需要人力资源管理部门做好各种计划和统计分析，本节需要完成的新员工培训计划表和培训计划图，是员工培训管理的第一步。

2.1.1 制作新员工培训计划表

新员工培训计划表的结构比较简单、明确，见图 2-1，其中培训内容已确定。

	B	C	D	E
1	新员工培训计划表			
2	培训内容	开始日期	天数	结束日期
3	基础培训	3月1日	3	3月3日
4	公司理念	3月4日	2	3月5日
5	与客户沟通技巧	3月6日	2	3月7日
6	销售基本技能	3月8日	2	3月9日
7	财务基本知识	3月10日	1	3月10日
8	财务分析技能	3月11日	1	3月11日
9	Office技能	3月12日	3	3月14日
10	高级管理知识	3月15日	1	3月15日
11	岗位实习	3月16日	4	3月19日
12	结业考试	3月20日	1	3月20日

图 2-1　新员工培训计划表结构

完成此表的具体步骤如下。

（1）新建 Excel 工作簿，单击工作表"sheet1"，重新命名为"新员工培训计划表"。

（2）合并单元格 B1:E1，输入表格标题"新员工培训计划表"，并居中，见图 2-2。

图 2-2　表格标题的设置

（3）在 B2:E2 单元格中依次输入项目名称：培训内容、开始日期、天数、结束日期。制作完成培训计划表结构后，设置表格格式。

（4）将相关具体培训内容填入 B3:B12 数据区域中，此例中培训时间为 2016 年。

注意：假如培训时间是连续的，遇到双休日不休息，可以直接利用某个培训的开始日期和天数来计算培训的结束日期，以及下个培训的开始日期和结束日期。

（5）单元格 C3 是第一个培训的开始日期，在单元格 C4 中输入公式"=E3+1"，并向下复制，可以得到每个培训的开始日期。D 列的数据需要根据各项培训的实际天数手工输入；在单元格 E3 中输入公式"=C3+D3−1"，并向下复制，可以得到每个培训的结束日期。

2.1.2　制作新员工培训计划图

根据新员工培训计划安排，可以制作出培训计划图，见图 2-3。培训计划图可以更方便、直观地展示出新员工培训的相关安排，在类似需要表现人事管理中各项计划的时间节点时可以采用此种方式。

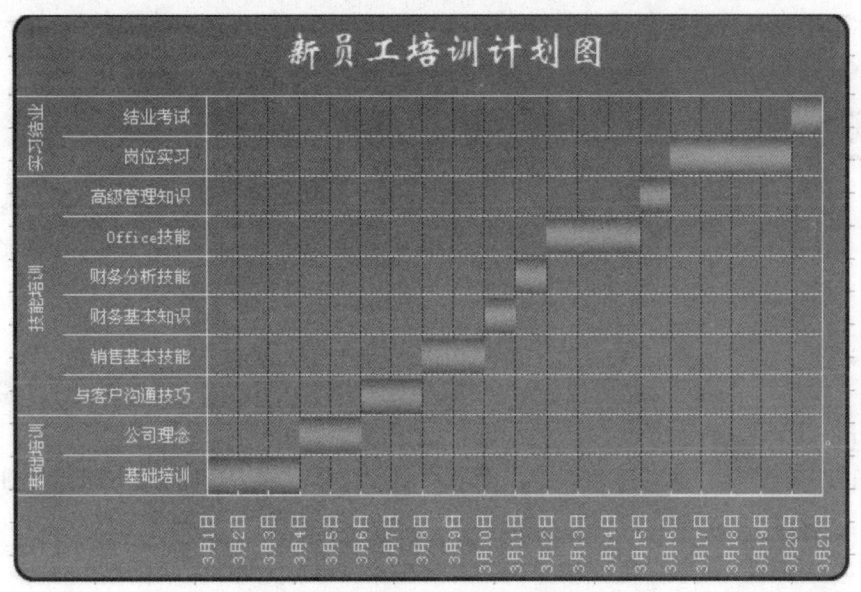

图 2-3　新员工培训计划图

设计制作新员工培训计划图的步骤如下。

（1）重新制作绘图数据区域。在已经完成的新员工培训计划表中的 A16:E27 单元格区域内制作绘图数据区域，最后完成的绘图数据区域见图 2-4。

类别	培训内容	开始日期	天数	结束日期
	绘图数据区域			
基础培训	基础培训	3月1日	3	3月4日
	公司理念	3月4日	2	3月6日
技能培训	与客户沟通技巧	3月6日	2	3月8日
	销售基本技能	3月8日	2	3月10日
	财务基本知识	3月10日	1	3月11日
	财务分析技能	3月11日	1	3月12日
	Office技能	3月12日	3	3月15日
	高级管理知识	3月15日	1	3月16日
实习结业	岗位实习	3月16日	4	3月20日
	结业考试	3月20日	1	3月21日

图 2-4　绘图数据区域

各单元格公式输入如下：

单元格 C18：=C3

单元格 D18：=D3　　　　　　　　单元格 D18 以下 D 列单元格可以拖动填充柄复制公式

单元格 C19：　=E18　　　　单元格 C19 以下 C 列单元格可以拖动填充柄复制公式

单元格 E18：　=C18+D18　　单元格 E18 以下 E 列单元格可以拖动填充柄复制公式

（2）在表中选择数据区域 A17:E27，选择"插入"菜单栏中的"条形图"，在二维条形图例中选择"堆积条形图"，见图 2-5。

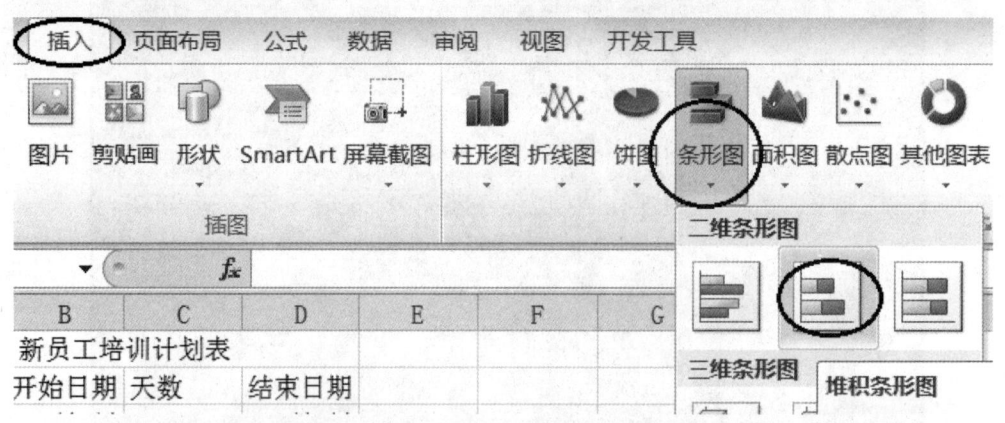

图 2-5　插入堆积条形图

（3）插入"堆积条形图"后，生成初步的计划图，见图 2-6；然后对此图分步骤进行完善和调整。

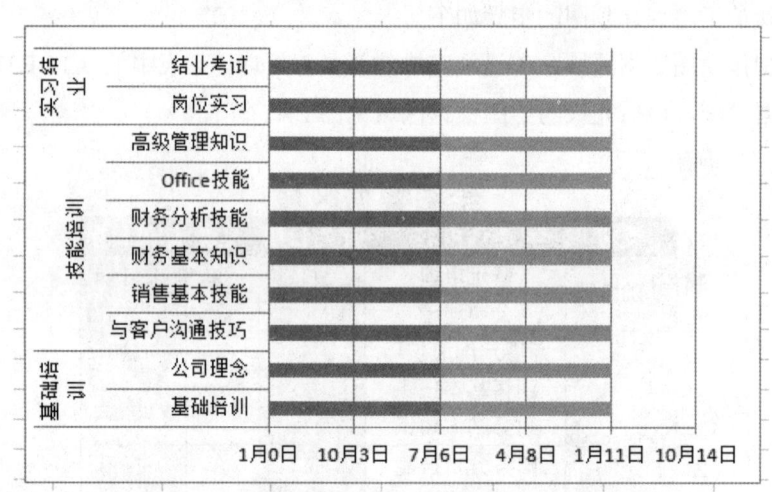

图 2-6　生成初步的计划图

（4）为图表设置标题。选中图表，在"布局"菜单栏中，选择"图表标题"，将图表标题设置在"图表上方"，并在标题框中输入"新员工培训计划图"，见图 2-7。

（5）设置网格线格式。选中图表，选择"布局"菜单栏中的"网格线"按钮，将"主要横网格线"设置为"主要网格线"，见图 2-8。

（6）按照上述方法设置主要纵网格线。

图 2-7 在图表上设置图表标题

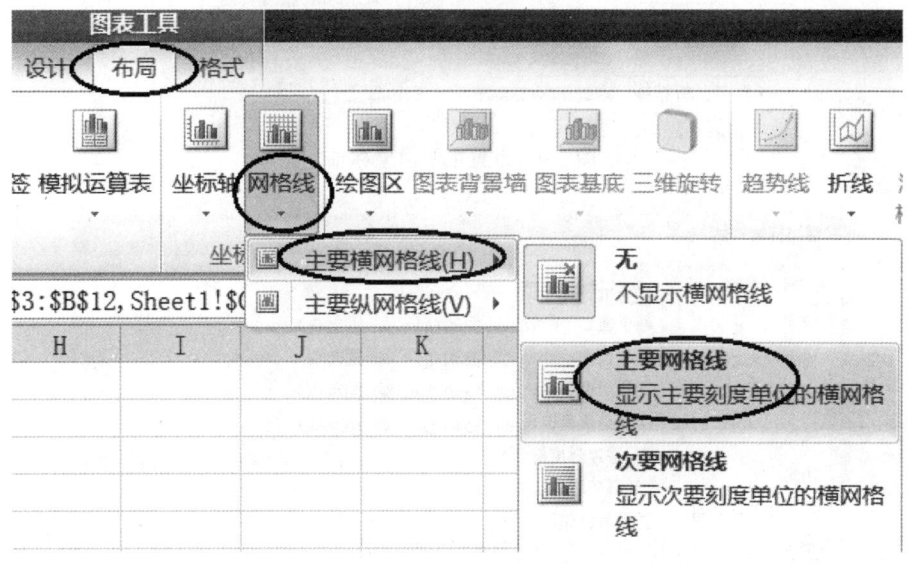

图 2-8 设置主要网格线

（7）设置坐标轴格式。横坐标轴和纵坐标轴的格式需要分别设置，具体步骤如下。

① 选择"坐标轴"，在"主要横坐标轴"下拉菜单中选择"其他主要横坐标轴选项"按钮，见图 2-9。

② 当"设置坐标轴格式"操作界面出现后，需要输入最小值和最大值，这两个数值是培训开始和结束日期所对应的数据。在本例的新员工培训计划表中，培训开始日期是"2016年 3 月 1 日"，结束日期是"2016 年 3 月 21 日"，因此，3 月 1 日所对应的数值就是横轴最小值 42430，3 月 21 日所对应的数值就是横轴的最大值 42450，见图 2-10。

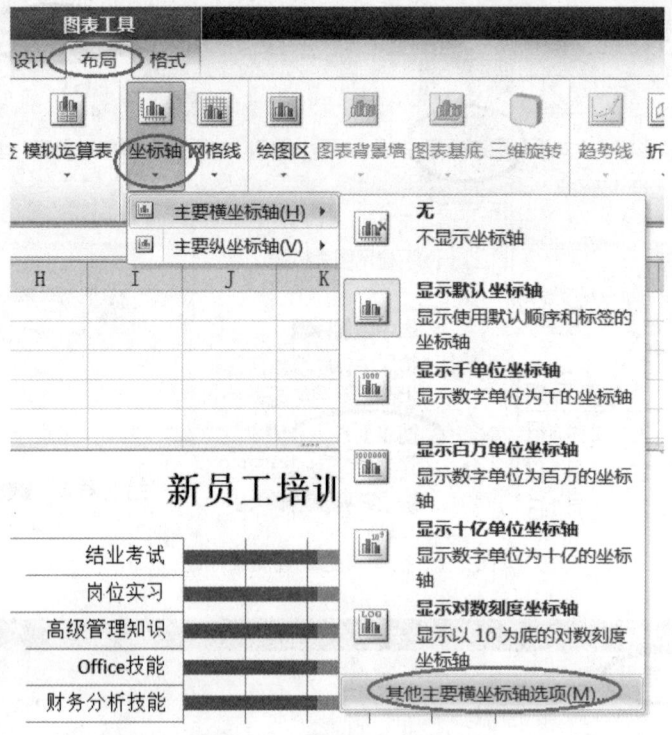

图 2-9　设置主要横坐标轴

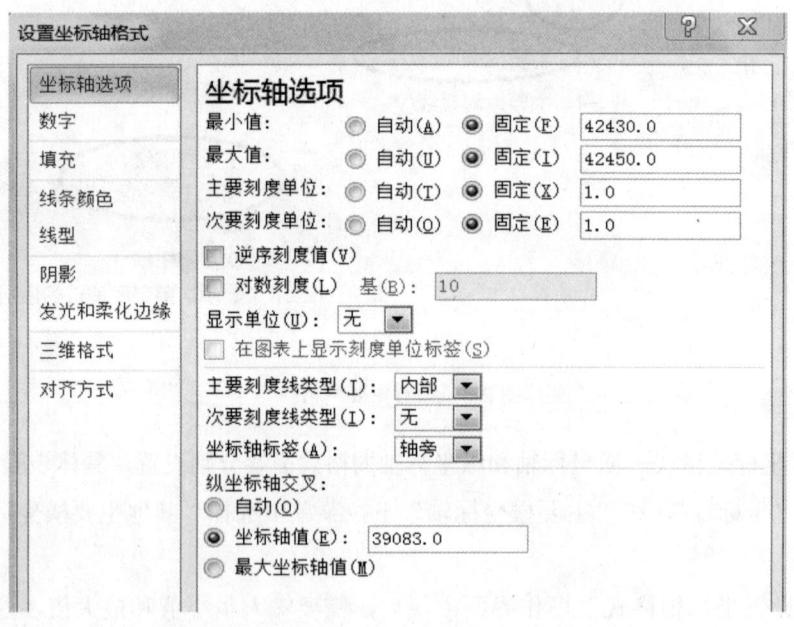

图 2-10　设置坐标轴格式——主要横坐标轴

说明：查看日期所对应的数值方法是，选中有日期的单元格单击右键，在单元格格式中选择数值，即可显示单元格中日期所对应的数值；也可以用【Ctrl+~】使日期显示为数值格式。

③ 按照步骤①操作方法设置主要纵坐标轴，选择"其他主要纵坐标轴选项"按钮，并输入相关数据，见图2-11。

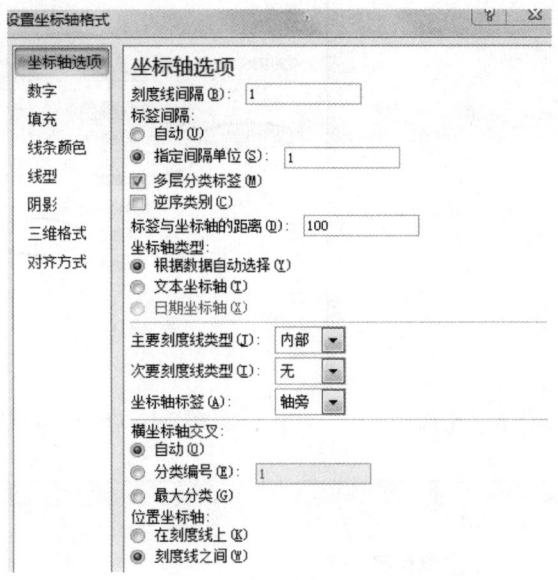

图 2-11　设置坐标轴格式——主要纵坐标轴

④ 在"设置坐标轴格式"中设置"对齐方式"，将"文字方向"选项设置为"横排"，见图2-12。

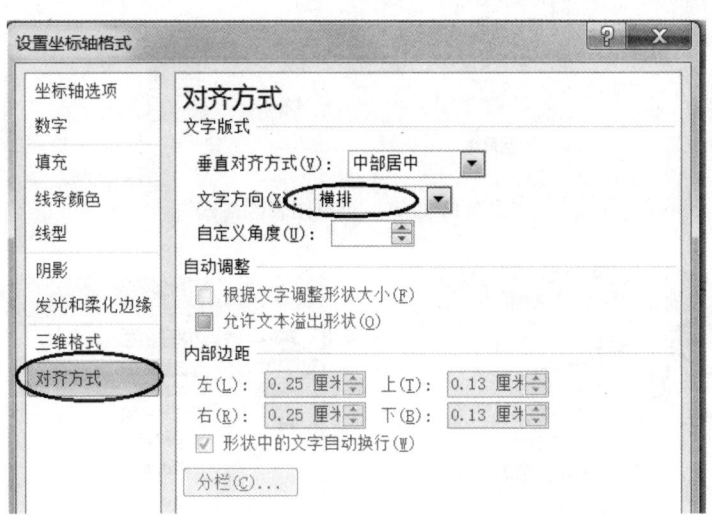

图 2-12　设置坐标轴对齐方式

（8）设置图表区格式。将光标放置在图表区，单击右键选择"设置图表区格式"，在弹出窗口中设置图表区的填充、边框颜色和边框样式等项目，见图2-13。

（9）设置绘图区格式。选中绘图区，单击鼠标右键选择"设置绘图区格式"，并按下列要求设置填充、边框颜色和边框样式，见图2-14。

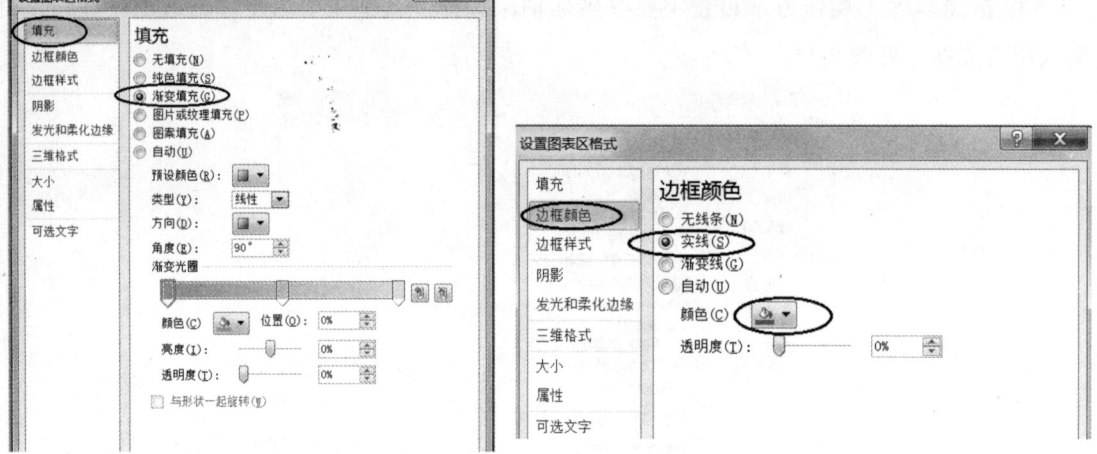

图 2-13（a） 设置图表区格式   图 2-13（b） 设置图表区格式

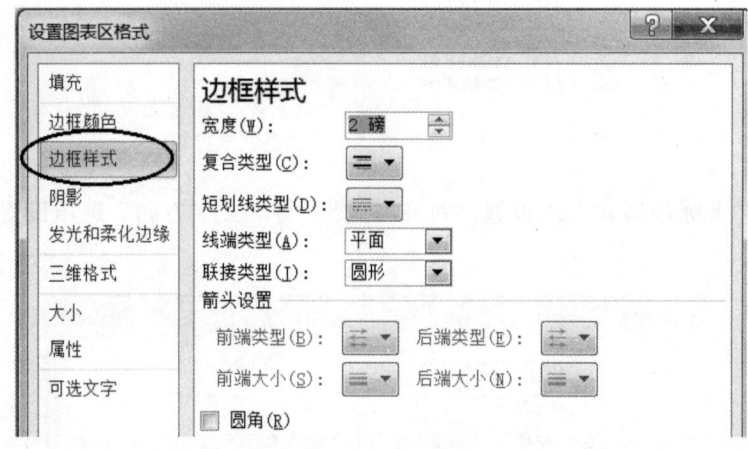

图 2-13（c） 设置图表区格式

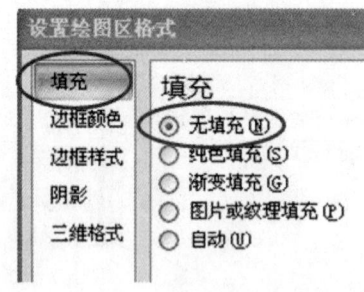

图 2-14（a） 设置绘图区格式

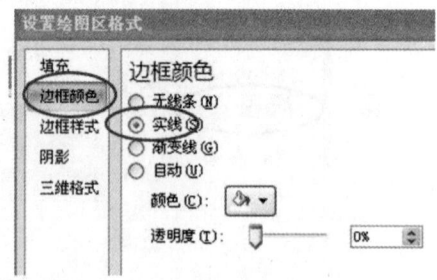

图 2-14（b） 设置绘图区格式

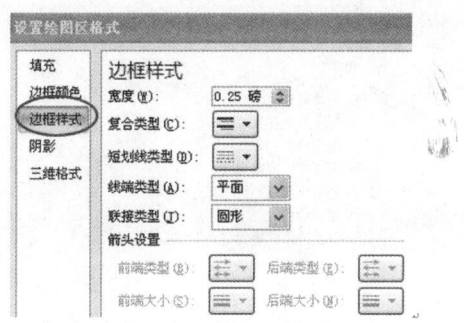

图 2-14（c） 设置绘图区格式

说明：需要注意区分图表区和绘图区，不要混淆：图表区范围大于绘图区，单击绘图区外部即可选中图表区；内部图形区域即为绘图区，需要先选定绘图区才会弹出绘图区设置操作界面。

（10）设置数据系列格式，操作步骤如下。

① 在图表区选择"开始日期"数据项，单击右键，在下拉菜单中选择"设置数据系列格式"；在弹出的"设置数据系列格式"窗口中，将"填充"设置为"无填充"，见图 2-15 和图 2-16。

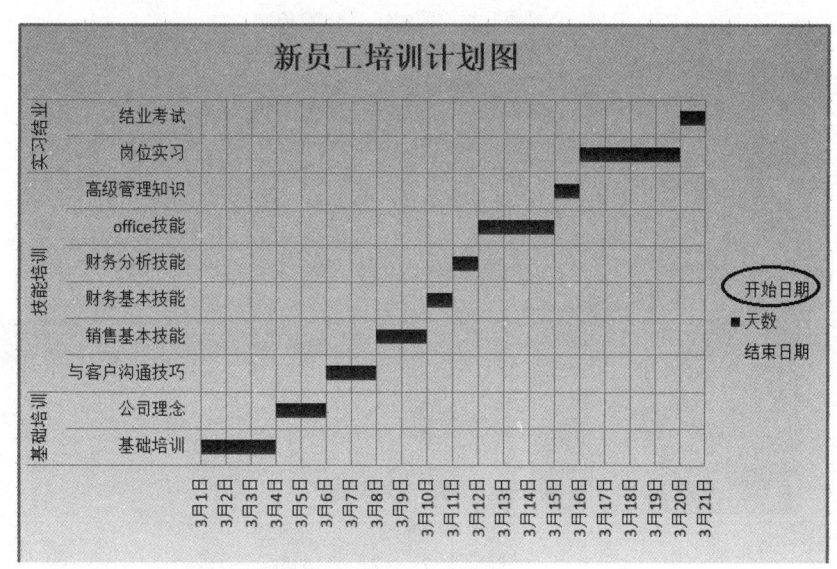

图 2-15 选择"开始日期"数据项

② 按照上述步骤为"结束日期"数据项设置数据系列格式，将"填充"设置为"无填充"。

③ 按照上述步骤为"天数"数据项设置数据系列格式，但将"填充"设置为"渐变填充"，并选择适当的颜色，见图 2-17。

（11）调整图表位置和大小，以及绘图区的大小至合适，这样就得到完整的新员工培训计划表和新员工培训计划图，使新员工培训计划更为直观、明确，见图 2-18。

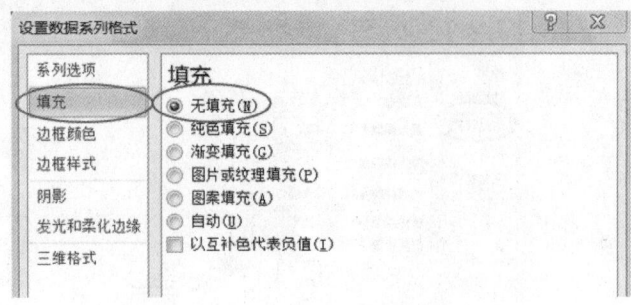

图 2-16 设置"开始日期"数据系列格式

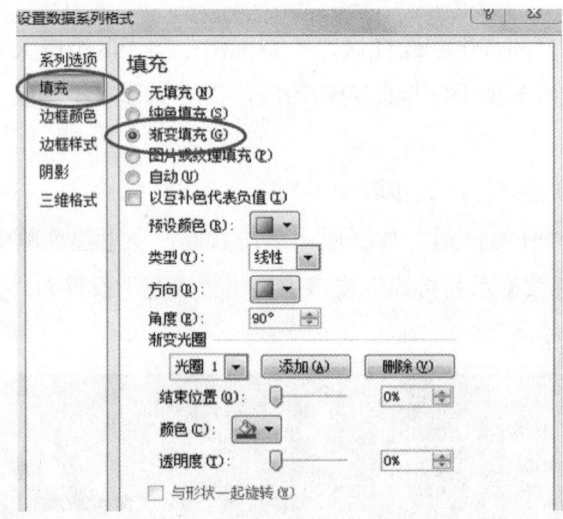

图 2-17 设置"天数"数据系列格式

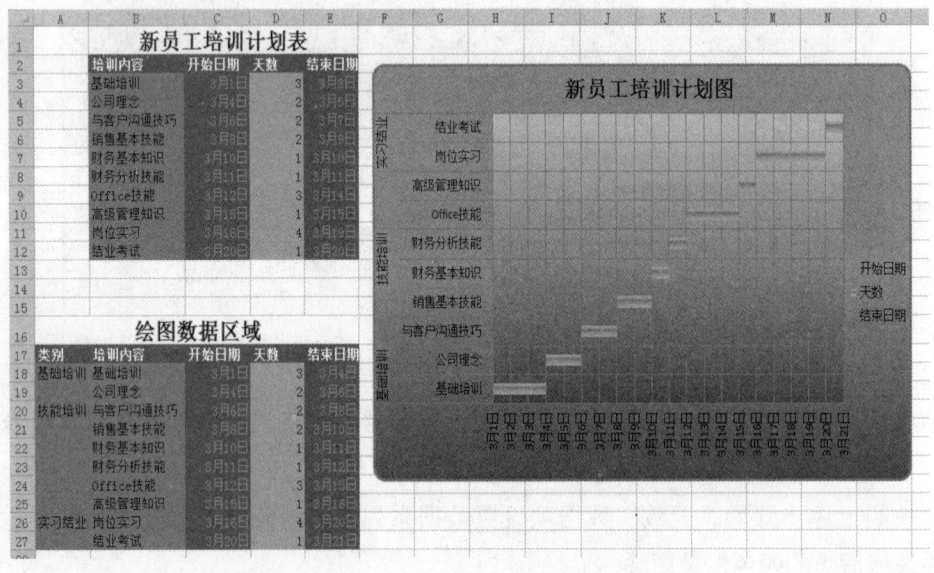

图 2-18 新员工培训计划表和计划图

2.2 设计培训评估表

一般情况下，培训完成后需要对培训课程、培训讲师、培训机构等进行评估，也就是在培训结束后让参加培训的员工填写培训评估表，然后将培训评估表进行汇总分析。

图 2-19 为培训评估表，可以根据第 1 章中单选按钮的制作方法设计、制作此表。

培训评估表

课程名称：	培训日期：				
填表人：	讲师：				
评估项目	很满意	满意	一般	不满意	很不满意
	5	4	3	2	1
1.讲师之胜任程度					
1-1 讲师的专业知识丰富	○	●	○	○	○
1-2 讲师授课难点讲解透彻	○	●	○	○	○
1-3 讲师对教学进度的安排适当	○	○	○	○	●
1-4 课程互动性强	○	○	○	●	○
1-5 讲师善于举一反三,联系实际案例进行分析	●	○	○	○	○
2.课程整体表现					
2-1 对于学习到新观念与新技巧的满意度	○	●	○	○	○
2-2 解决工作中面临问题的帮助程度	●	○	○	○	○
2-3 对于教材内容的满意程度	●	○	○	○	○
2-4 对于课程时数安排的满意度	●	○	○	○	○
3.培训机构服务					
3-1 课前调研	●	○	○	○	○
3-2 场地安排	●	○	○	○	○
3-3 课堂服务	●	○	○	○	○
4.您的收获和建议					
4-1 您认为此次培训最大的收获是什么？					
4-2 您还想在以后获得哪方面的培训课程？					
4-3 在实际运用Excel中，经常遇到困惑或者难点的地方有哪些？（可简要说明）					
4-4 其他建议。					

图 2-19 培训评估表

2.3 培训信息管理

培训信息管理的主要内容是对每个年度的培训情况进行汇总统计。新建工作簿"培训信息管理",在这个工作簿中,需要完成 5 个工作表,其中 Sheet1 重命名为"首页",另外 4 个工作表分别命名为"培训数据清单""员工信息""课程信息""统计分析",见图 2-20。

35	柳树彬	国际贸易	2010年6月8日	培训E		3	柳树彬国际贸易部40337培训E3
36	姜健行	销售部	2010年6月8日	培训E		3	姜健行销售部40337培训E3
37	柯为之	销售部	2010年6月8日	培训E		3	柯为之销售部40337培训E3
38	孙顺	销售部	2010年6月8日	培训E		3	孙顺销售部40337培训E3
39	刘一伯	生产部	2010年8月12日	培训H		5	刘一伯生产部40402培训H5
40	吴雨平	生产部	2010年8月12日	培训H		5	吴雨平生产部40402培训H5

| 首页 | 培训数据清单 | 员工信息 | 课程信息 | 统计分析 | ⊕ |

就绪

图 2-20　各工作表标签名称

注意:图 2-20 中的各表的信息并不全是直接手工输入的,这是因为要想提高数据的录入效率、准确性和管理效率,对员工信息、课程信息及培训情况记录都要进行单独管理,使各个表的信息可以相互引用,使培训信息管理更为便利和准确。

2.3.1　设计制作员工信息表

制作"员工信息"工作表。"员工信息"工作表作为员工信息管理的基本表格,是重要的数据来源。这种表结构便于修改,表中各部门可以按照企业机构设置情况自由增加或删改,各部门员工名单也可以随各部门员工情况的变化而及时增减,见图 2-21。

A	B	C	D	E	F	G	H	I	J	K
部门>>>	总经理办公室	人力资源部	财务部	技术部	国际贸易部	生产部	销售部	信息部	后勤部	
部门员工>>>	刘晓晨	毛利民	王玉成	黄兆炜	刘柳	刘一伯	孙顺	纪天雨	陈琦安	
	石破天	马一晨	蔡齐豫	彭然君	蒙自放	刘颂峙	李辉	李雅芩	姜然	
	蔡晓宇	王浩忌	秦玉邦	舒思雨	韩晓波	刘冀北	李宇超	杨若梦	袁涵	
	祁正人	王嘉木	马梓	王雨燕	毛丽旭	吴雨平	李从熙	陈羽晰	郭亦然	
	张丽莉	丛赫敏	张慈淼	王亚萍	赵宏	吴达	李晓梦	张梦瑶		
	孟欣然		李萌	任若思	何彬	张一帆	姜健行	李羽雯		
			何欣		柳树彬	张华宇	姜名南			
			李然		刘心宇		柯为之			
			白留洋				贺晨丽			
							赵端的			
							郝般蓉			

图 2-21　"员工信息"工作表

输入部门及员工信息后,需要分别为各部门员工数据定义名称,便于以后引用。定义名称的步骤如下。

(1) 在"公式"工具栏中,单击"名称管理器",在弹出的"名称管理器"窗口,单击"新建",见图 2-22。

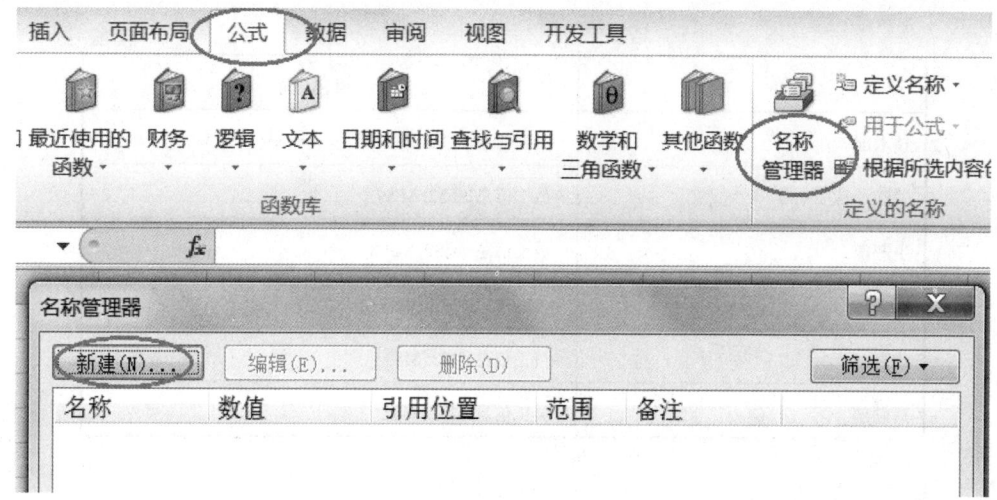

图 2-22　定义名称——名称管理器

（2）在"新建名称"窗口中，输入定义的名称和具体引用位置，见图2-23。

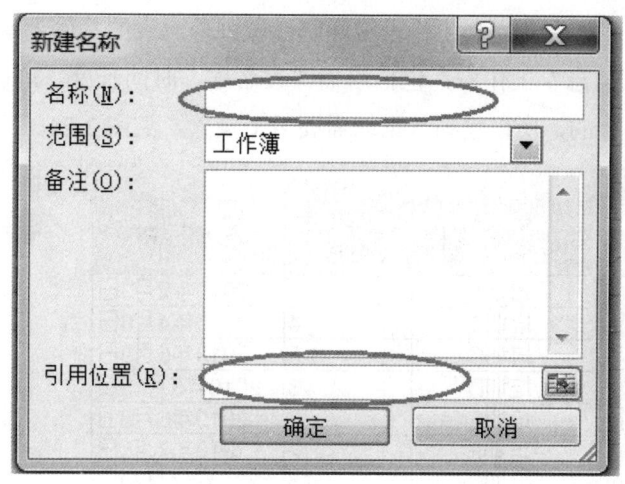

图 2-23　定义名称——新建名称

（3）需要分别为部门和各部门员工定义名称，所定义的名称和引用位置见表2-1。

需要注意的是，当部门数据和各部门员工数据发生变化时，相应的引用位置区域也应该进行调整。

表 2-1　定义名称及引用位置

名　称	引 用 位 置
部门	=员工信息!$B$1: $J$1
总经理办公室	=员工信息!$B$2: $B$7
人力资源部	=员工信息!$C$2: $C$6
财务部	=员工信息!$D$2: $D$10

名　称	引 用 位 置
技术部	=员工信息!$E$2: $E$7
国际贸易部	=员工信息!$F$2: $F$9
生产部	=员工信息!$G$2: $G$8
销售部	=员工信息!$H$2: $H$12
信息部	=员工信息!$I$2: $I$7
后勤部	=员工信息!$J$2: $J$5

2.3.2　设计制作课程信息表

制作完成"员工信息"工作表后，为了便于统计分析各部门员工的培训信息，需要将培训课程信息单独放在"课程信息"工作表中。制作课程信息表的具体步骤如下。

（1）制作"课程信息"工作表，包括培训课程名称、时间长度、培训日期三项，因为此例中培训不是连续进行的，所以培训数据均需要手工录入，见图 2-24。

	A	B	C	D
1	培训课程名称	时间长度（小时）	培训日期	
2	培训A	2	2010年2月3日	
3	培训B	4	2010年4月6日	
4	培训C	1.5	2010年5月9日	
5	培训D	3	2010年5月15日	
6	培训E	3	2010年6月8日	
7	培训F	2	2010年7月5日	
8	培训G	6	2010年7月20日	
9	培训H	5	2010年8月12日	

图 2-24　课程信息工作表

（2）对于 B 列的时间长度，需要设置数据有效性以保证输入的时间都是正的小数。选择"数据"工具栏中的"数据有效性"命令，在弹出的"数据有效性"对话框中选择"设置"标签，在"允许"下拉菜单中选择"小数"，在"数据"下拉菜单中选择"大于"，将"最小值"设置为"0"，见图 2-25。

（3）对于 C 列的培训日期，也要设置数据有效性，以保证输入的都是日期。设置方法同上，本例中最小值可输入 2010/1/1，见图 2-26。

（4）为了表格整洁美观，可以先将工作表的网格线取消，设置为当在 A 列输入数据后，则自动显示单元格边框。方法：选择 A 列至 C 列，单击工具栏中的"条件格式"按钮，在弹出的命令列表中选择"新建规则"命令，弹出"新建格式规则"窗口，规则类型选择"使用公式确定要设置格式的单元格"，在"为符合此公式的值设置格式"中将公式设置为：=$A1<>""，同时单击"格式"按钮，在"设置单元格格式"窗口中将格式设置为"外边框"，见图 2-27。

图 2-25　数据有效性的设置——时间长度

图 2-26　数据有效性的设置——培训日期

说明：利用条件格式来设置边框与在"单元格格式"设置内外边框的不同在于，使用单元格格式的设置只能给固定的数据区域和范围设置边框线，而设置条件格式后会随着数据的输入自动生成边框线，使用起来更为方便快捷。

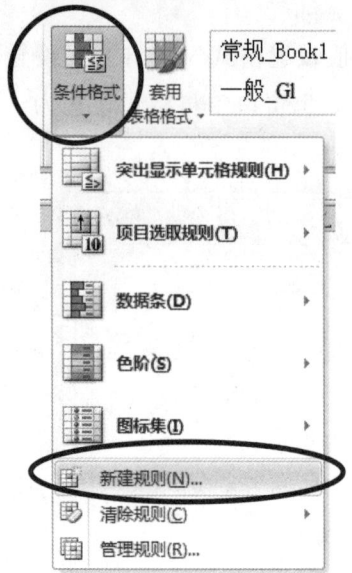
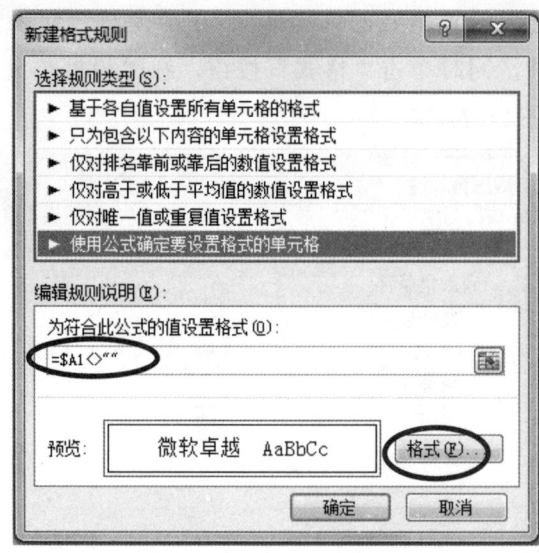

图 2-27（a）　"新建条件格式"窗口　　　　　　图 2-27（b）　"新建格式规则"窗口

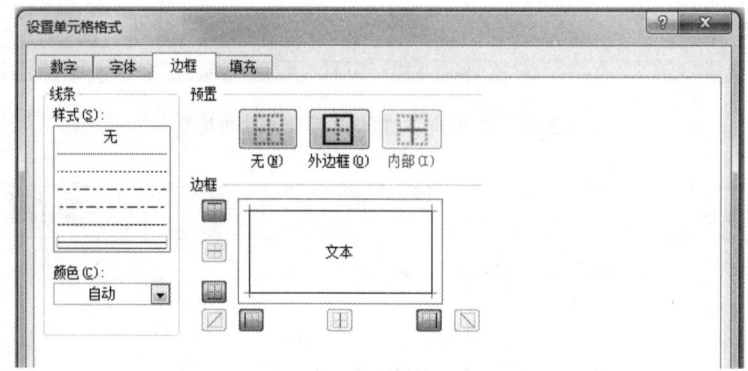

图 2-27（c）　"设置单元格格式"窗口

图 2-27（d）　设置自动显示单元格边框

（5）此外，为了管理数据方便可将课程名称和课程信息数据定义为名称，定义名称的方法同前，定义的名称和引用位置，见表 2-2。

表 2-2　课程名称的定义和引用位置

名　称	引　用　位　置
课程名称	=OFFSET(课程信息!$A$2,,,COUNTA(课程信息!$A:$A)-1,1)
课程信息	=OFFSET(课程信息!$A$1,,,COUNTA(课程信息!$A:$A),3)

> 函数说明：
>
> OFFSET 函数：返回对单元格或单元格区域中指定行数和列数的区域的引用。
>
> 例：OFFSET（参照单元格，列位移量，行位移量，高度，宽度）
>
> =OFFSET(C3,2,3,1,1)，计算结果将返回 F5 单元格中的数值，公式中的参数值表示以 C3 为参照，下移 2 行，右移 3 列，高度、宽度为 1（即为一个单元格）；
>
> =OFFSET（B1,,,10），计算结果将返回单元格区域 B1:B10，公式中的参数值表示以 B1 为参照，向下扩展到 10 行的高度。
>
> COUNTA 函数：返回参数列表中非空的单元格个数。

2.3.3　设计制作培训数据清单

完成"员工信息"工作表和"课程信息"工作表后，就可以在这两个工作表的基础上设计"培训数据清单"工作表，这个表格中将汇总各个部门每个员工的具体培训情况，并用于培训信息数据高级分析。"培训数据清单"工作表的设计步骤如下。

（1）在"培训数据清单"工作表中输入列标题，包括姓名、部门、培训日期、培训课程、时间长度（小时）等。需要注意的是，这张表格中所有内容都是利用公式从员工信息和课程信息工作表中导入的，不需要手工录入，见图 2-28。

（2）输入姓名和部门信息。可以利用数据有效性快速地输入员工姓名和部门信息，具体步骤如下。

① B 列为部门，选中 B2:B100 单元格区域，利用"数据"工具栏中的"数据有效性"命令，在弹出的"数据有效性"窗口设置有效性条件，在"来源"中输入"=部门"，见图 2-29。

② A 列为姓名，选择 A2:A100 单元格区域，在"数据有效性"窗口中，设置"来源"为"=INDIRECT(B2)"，表示 A2 单元格中的数据是对 B2 单元格的引用，见图 2-30。

①②保证了员工"姓名"信息要通过"部门"信息来获取，即输入员工数据时必须先选择部门，然后再选择部门中的某个员工，不需要手动输入员工部门和信息。

	A	B	C	D	E
1	姓名	部门	培训日期	培训课程	时间长度（小时）
2	刘晓晨	总经理办公室	2017年2月3日	培训A	2
3	祁正人	总经理办公室	2017年2月3日	培训A	2
4	王嘉木	人力资源部	2017年2月3日	培训A	2
5	毛丽旭	国际贸易部	2017年2月3日	培训A	2
6	何彬	国际贸易部	2017年2月3日	培训A	2
7	石破天	总经理办公室	2017年4月6日	培训B	4
8	张丽莉	总经理办公室	2017年4月6日	培训B	4
9	毛利民	人力资源部	2017年4月6日	培训B	4
10	张慈森	财务部	2017年4月6日	培训B	4
11	刘颂峙	生产部	2017年4月6日	培训B	4
12	吴雨平	生产部	2017年4月6日	培训B	4
13	吴达	生产部	2017年4月6日	培训B	4
14	李辉	销售部	2017年5月9日	培训C	1.5

图 2-28　培训数据清单工作表

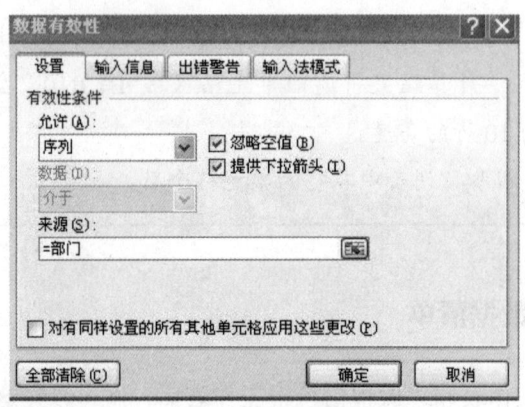

图 2-29　设置部门列的数据有效性

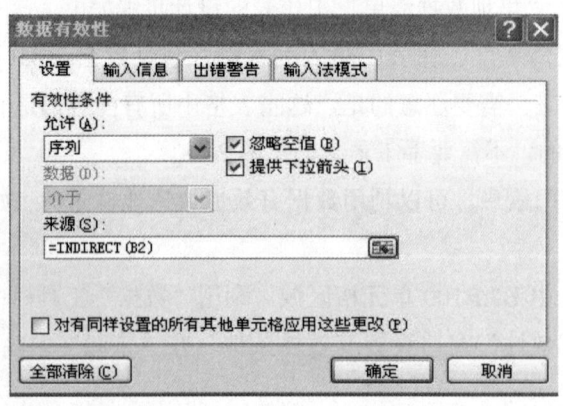

图 2-30　设置姓名列的数据有效性

（3）输入培训课程信息。课程名称的快速输入仍然需要设置数据有效性，选择 D2:D100 单元格区域，按前述方法打开"数据有效性"对话框，在"来源"中输入"=课程名称"，见

图 2-31，表示此栏数据引用前述定义为"课程名称"区域的数据。

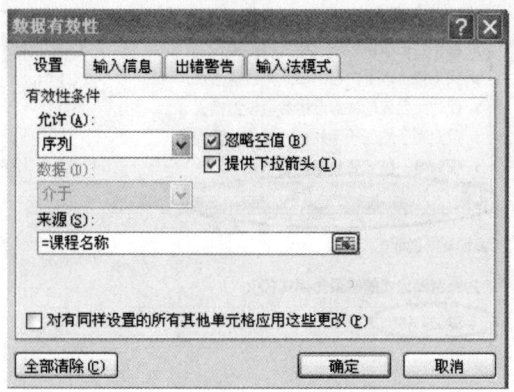

图 2-31　课程名称数据有效性的设置

（4）在获取培训课程名称的信息后，利用公式可以自动获取每门课程的培训日期和时间长度数据，具体步骤如下。

① 在 D 列输入培训课程名称，即可利用查找函数将该课程的培训日期和课程时间长度输入到相应的单元格。

② 在单元格 C2 输入以下公式，然后向下复制，即可自动输入培训日期：

=IF(ISERROR(VLOOKUP(D2,课程信息,3,FALSE)),"",VLOOKUP(D2,课程信息,3,FALSE))

③ 在单元格 E2 输入以下公式，然后向下复制，即可自动输入时间长度：

=IF(ISERROR(VLOOKUP(D2,课程信息,2,FALSE)),"",VLOOKUP(D2,课程信息,2,FALSE))

函数说明：

ISERROR 函数：用于测试函数式返回的数值是否有错。如果有错，该函数返回 TRUE，反之返回 FALSE。

（5）在"视图"菜单中取消"网格线"显示，然后设置条件格式，自动显示表格边框线。方法同前 2.3.2 部分，见图 2-32。

（6）设置条件格式，将输入的重复记录标识出来。

输入员工培训信息时，为了避免输入重复的培训记录，影响以后的数据统计分析，可以设置条件格式来醒目标识重复的记录，具体步骤如下。

① 将 G 列作为辅助计算列，在 G2 单元格输入以下公式并向下复制此公式。

=CONCATENATE(A2,B2,C2,D2,E2)

注意：CONCATENATE 公式表示将这几个单元格的数据连成一个字符串，并保存在 G2 单元格中。

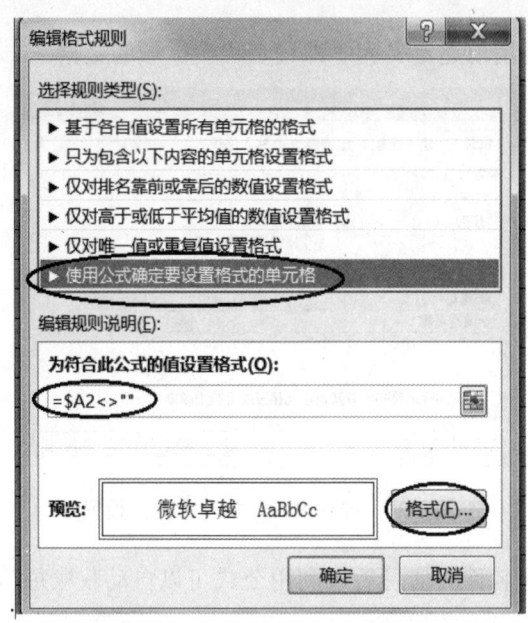

图 2-32　设置自动显示单元格边框

② 选择单元格区域 A2:E1000，然后在"开始"菜单栏中单击"条件格式"命令，选择下拉菜单中的"新建规则"；在弹出的"编辑格式规则"对话框中，选择"使用公式确定要设置格式的单元格"，并在"为符合此公式的值设置格式"中输入公式：

=AND（$A2<>"",COUNTIF($G$2:$G$999,$G2)>1）

并单击"格式"，将颜色设定成黄色即可，见图 2-33。

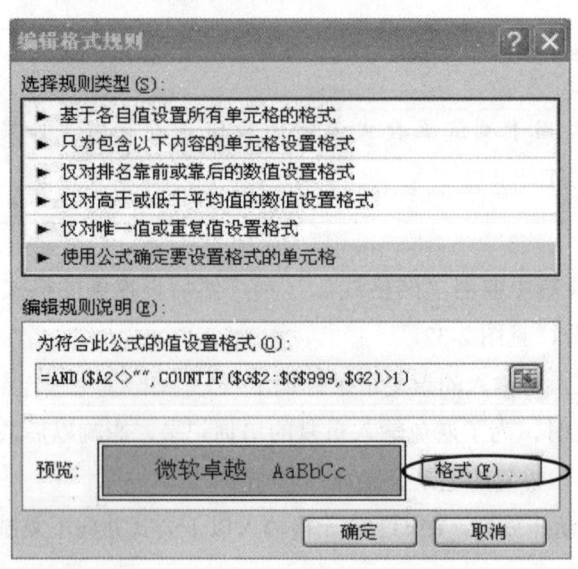

图 2-33　设置条件格式标识重复记录

这样设置完成条件格式后，如果输入两个或多个完全相同的培训记录，重复记录行将被填充为黄色，以提示用户修改或者删除重复的记录。设置完毕后，最好将 G 列隐藏。

函数说明：

CONCATENATE 函数：将多个文本字符串合并为一个文本字符串。

AND 函数：所有参数的逻辑值为真时，返回 TRUE；只要有一个参数的逻辑值为假，即返回 FALSE。

COUNTIF 函数：对指定区域中符合指定条件的单元格计数。

（7）因为只在 A、B、D 三列输入数据，所以可将这三列设置为醒目的颜色，提示在这几列输入数据。

（8）为了美化工作表界面，最好不显示工作表的网格线，输入数据时自动生成表格边框线，方法如前 2.3.2 部分。

（9）当工作表中数据比较多时，为了能更好地显示数据，可将第一行的标题冻结，使得浏览数据时列标题始终冻结在第一行。在"视图"菜单栏中单击"冻结窗格"按钮，在弹出的下拉菜单中选择"冻结首行"，见图 2-34。

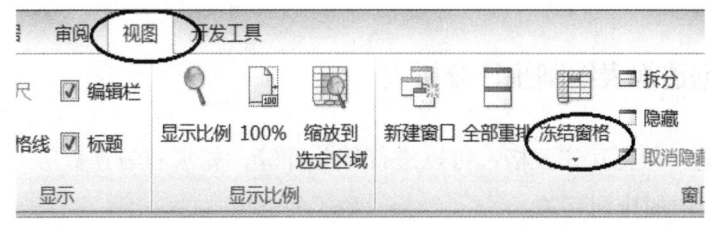

图 2-34　冻结标题行

（10）为了保护工作表中的计算公式，并限制在数据区域以外输入数据，需要对工作表进行保护。保护工作表的步骤如下。

① 选择整个工作表，在"设置单元格格式"对话框的"保护"选项中，勾选"锁定"和"隐藏"复选框，这样编辑栏中将不会显示公式。

② 选择需要输入数据的单元格区域 A2:B1000，和 D2:D1000，在"设置单元格格式"对话框的"保护"选项卡中，取消选中"锁定"和"隐藏"复选框，以便在保护工作表后还能对这些单元格进行操作。

③ 最后对整个工作表进行保护，在"保护工作表"对话框中，取消选中"选定锁定单元格"，见图 2-35。

完成上述操作后，工作表"培训数据清单"就顺利完成了。需要注意的是，本表格的内容填充需要按以下步骤完成：部门—姓名—培训课程—培训日期—时间长度，其中的部门、姓名、培训课程均通过数据有效性的下拉菜单选择，培训日期和时间长度均由公式自动生成。

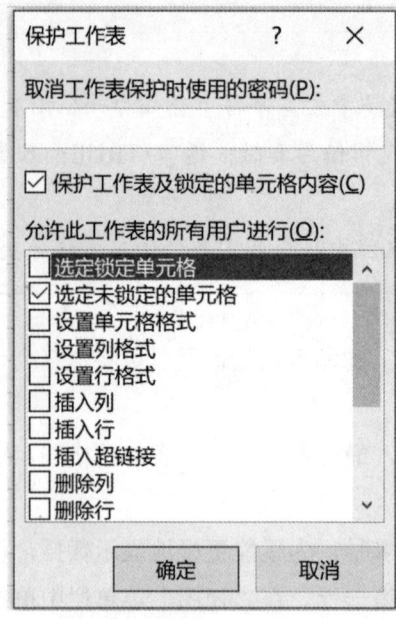

图 2-35 保护工作表

2.3.4 利用数据透视表编制统计分析表

数据透视表是一种交互式表格，可以进行某些计算，如求和与计数等。所进行的计算与数据在数据透视表中的排列有关。

数据透视表可以动态地改变相关数据的版面布置，以便按照不同方式来分析数据；数据透视表还可以重新安排字段、列字段和页字段。每一次改变版面布置时，数据透视表会立即按照新的布置重新计算数据。另外，如果原始数据发生更改，则数据透视表也进行相应地更改。因此，数据透视表可以使用户通过简单的拖拽操作，完成复杂的数据分类汇总，在Excel 中是一个非常高效的数据统计分析工具。

本小节将利用数据透视表对上节的培训数据清单做汇总分析，具体步骤如下。

（1）定义一个动态的数据区域名称，以便输入新培训记录后，制作数据透视表的数据区域也随之变化。

在"公式"菜单栏中单击"名称管理器"命令，在下拉菜单中选择"新建规则"；如图 2-36 所示，在弹出的"新建名称"对话框中，将这个数据区域名称定义为"Data"，引用位置为：

=OFFSET(培训数据清单!$A$1,,,COUNTA(培训数据清单!$A:$A),5)

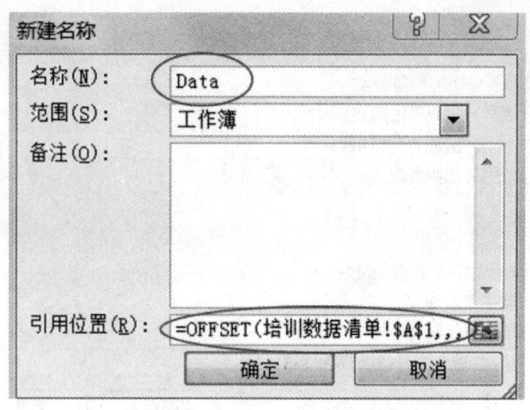

图 2-36　定义动态数据区域

函数说明：

COUNTA 函数：返回参数列表中非空的单元格个数。

（2）利用数据透视表工具创建基本的汇总报表，具体步骤如下。

① 在工作簿中新建工作表，命名为"统计分析"。在"插入"菜单栏中，单击"数据透视表"，在下拉菜单中选择"数据透视表"，即可根据创建数据透视表向导在工作表中插入一个新的数据透视表，见图 2-37。

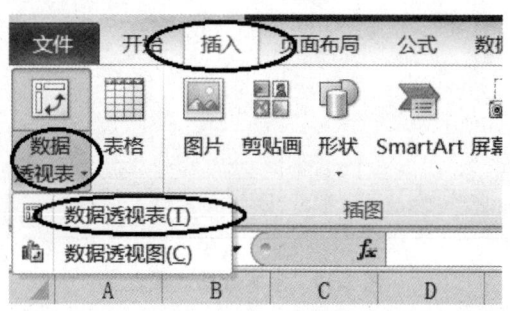

图 2-37　插入数据透视表

② 在弹出的"创建数据透视表"对话框中，选中"选择一个表或区域"，"表/区域"框中输入已经定义好的名称"Data"，将数据透视表放置在统计分析工作表中，见图 2-38。

③ 完成上述步骤后，就可得到基本的数据透视表，见图 2-39，可在此表基础上根据需要进行各种统计分析。

图 2-38 输入数据透视表区域名称

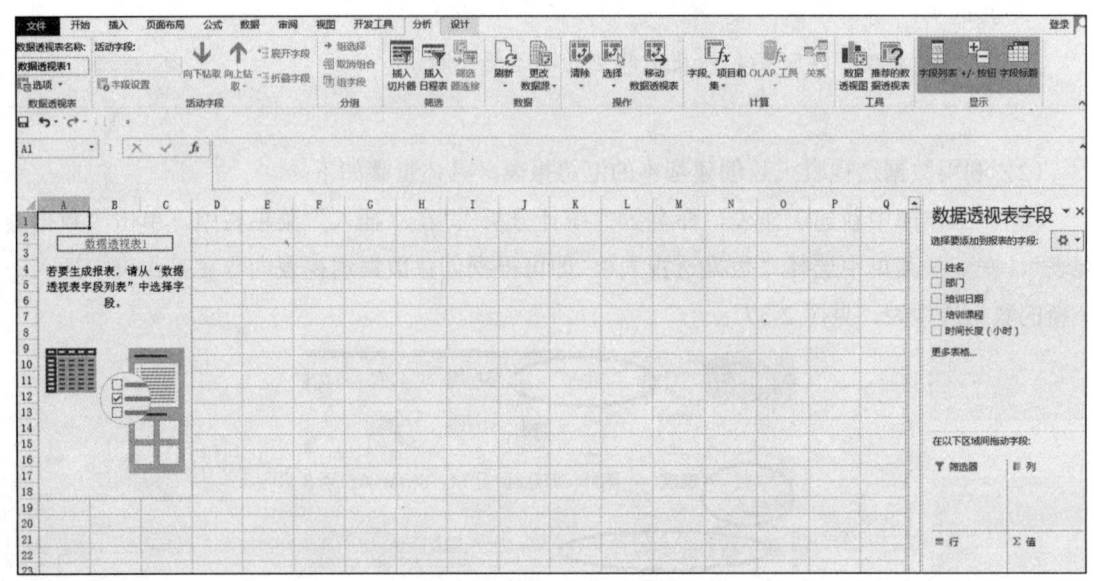

图 2-39 基本数据透视表

（3）分析每个部门的培训时间。分别选中右上角数据透视表字段列表中的"培训日期"和"姓名"字段拖拽至"报表筛选"区域；选中"部门"字段并拖拽至"行标签"区域；选中"培训课程"字段并拖拽至"列标签"区域；选中"时间长度"字段并拖拽至"数值"区域，初步得到包含各部门培训项目及时长的数据透视表，见图 2-40。每个字段旁边的下拉菜单均可以自由选择，可以方便地统计出个人、各部门在不同培训时间的培训课程和时间长度。

（4）图 2-40 是统计分析每个部门的培训时间，如果分析部门中每个员工的培训时间，可以将部门字段和姓名字段交换位置，将部门字段拖曳至"报表筛选"区域，最后结果见图 2-41。

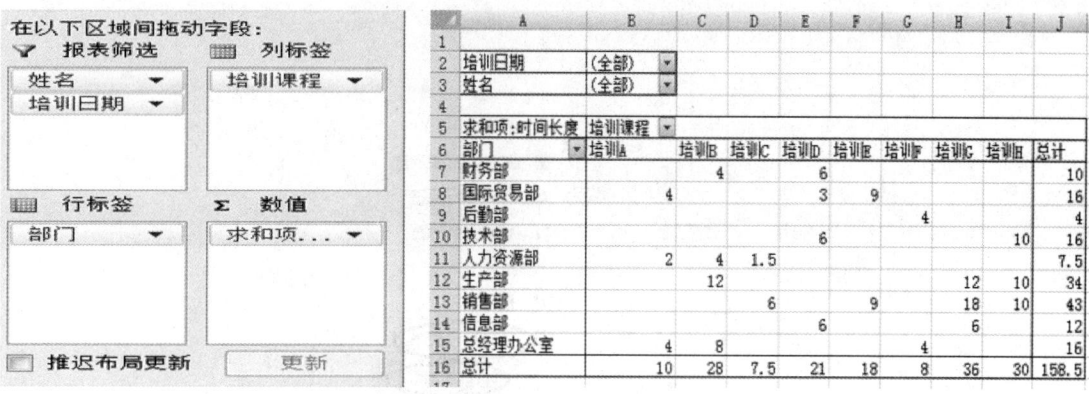

图 2-40　用数据透视表分析各部门培训时间

部门	培训A	培训B	培训C	培训D	培训E	培训F	培训G	培训H	总计
财务部		4		6					10
国际贸易部	4			3	9				16
后勤部						4			4
技术部				6				10	16
人力资源部	2	4	1.5						7.5
生产部		12					12	10	34
销售部			6		9		18	10	43
信息部				6			6		12
总经理办公室	4	8			4				16
总计	10	28	7.5	21	18	8	36	30	158.5

姓名	培训A	培训B	培训C	培训D	培训E	培训F	培训G	培训H	总计
陈羽晰				3					3
郭亦然						2			2
韩晓波					3				3
何彬	2								2
黄兆炜				3				5	8
姜健行					3		12	5	20
柯为之			1.5	3					4.5
李从熙			1.5						1.5
李辉			1.5						1.5
李晓梦			1.5					5	6.5
李雅苓				3					3
李宇超							6		6
李羽雯							6		6

图 2-41　用数据透视表分析员工的培训时间

（5）按上述方法可以继续分析每年、每季度和每月的培训总时间，见图 2-42，具体步骤如下。

年	季度	培训日期	汇总
2010年	第一季	2月	10
	第二季	4月	28
		5月	28.5
		6月	18
	第三季	7月	44
		8月	30
总计			158.5

培训总时间　姓名（全部）　部门（全部）　培训课程（全部）

图 2-42　培训时间汇总

① 将"求和项：时间字段"自行命名为"培训总时间"，步骤：单击"数值"下"计数项"按钮，在弹出的下拉菜单中选择"值字段设置"，见图 2-43。

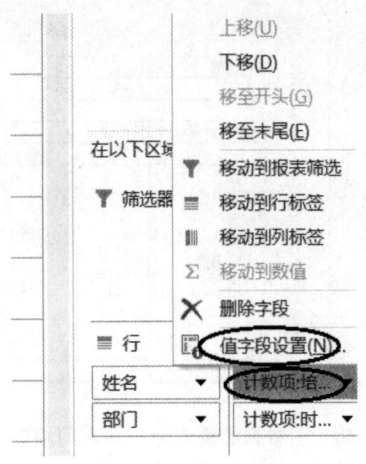

图 2-43　设置培训总时间字段

② 在弹出的"值字段设置"对话框中将自定义名称改为"培训总时间"，计算类型选择"求和"，见图 2-44。

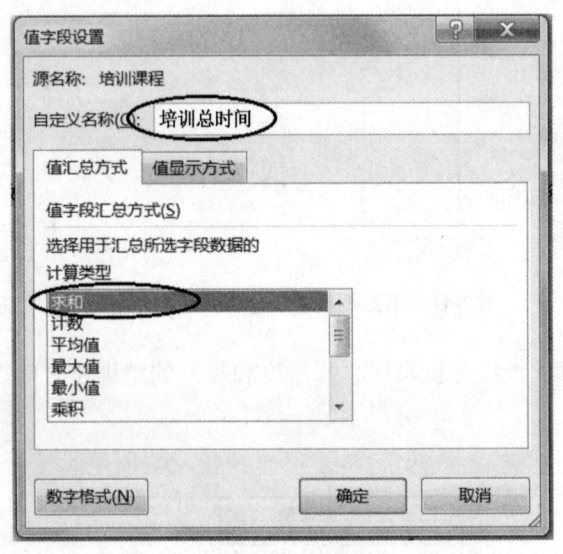

图 2-44　选择计算类型

③ 将"培训日期"字段拖入"行标签"区域，选中日期单元格，单击鼠标右键，在下拉菜单中选择"创建组"按钮，见图 2-45。

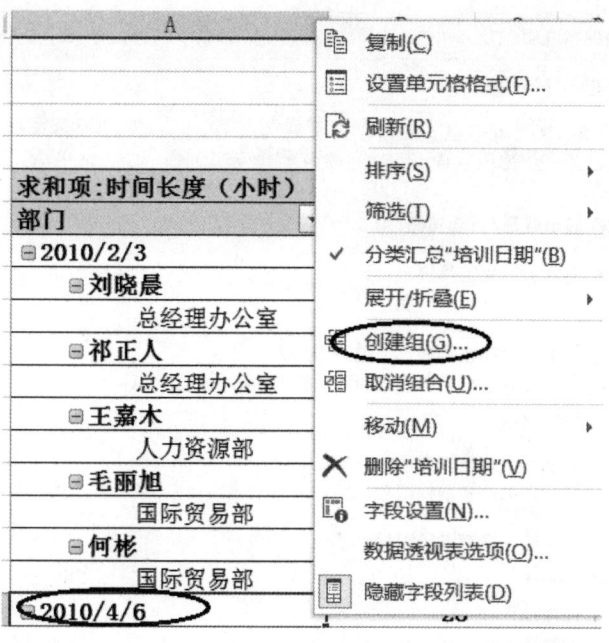

图 2-45　创建组

④ 在弹出的"组合"对话框中,"步长"选择"月""季度""年",单击"确定"按钮后,则数据透视表中的培训时间划分为年、季度、月,见图 2-46。

⑤ 在图 2-46 中"年""季度""月"是纵向排列的,可选中数据透视表后单击右键,在下拉菜单中选择"数据透视表选项",在弹出的"数据透视表选项"对话框中,单击"显示"按钮,勾选"经典数据透视表布局(启用网格中的字段拖放)",即可将数据透视表布局调整为简洁形式,见图 2-47。

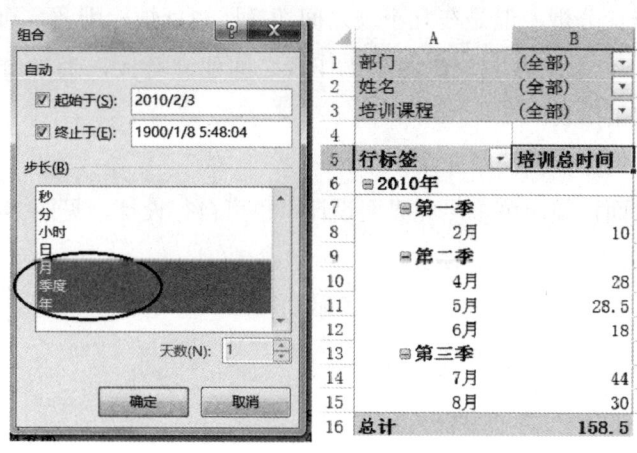

图 2-46　选择步长

图 2-47　选择数据透视表布局

2.3.5　制作系统界面

至此，完成了对员工培训信息管理系统的设计，包括 4 个工作表：培训数据清单、员工信息、课程信息、统计分析，但是在几个表之间切换比较麻烦。因此，可以在首页插入一个新的工作表，设计一个系统界面，在各个工作表之间建立链接，当单击某个按钮或者图片时，即可打开对应的工作表。

现将系统界面的设计步骤简单介绍如下。

（1）首先制作封面框架，可参照此界面设计，也可自行设计，见图 2-48。

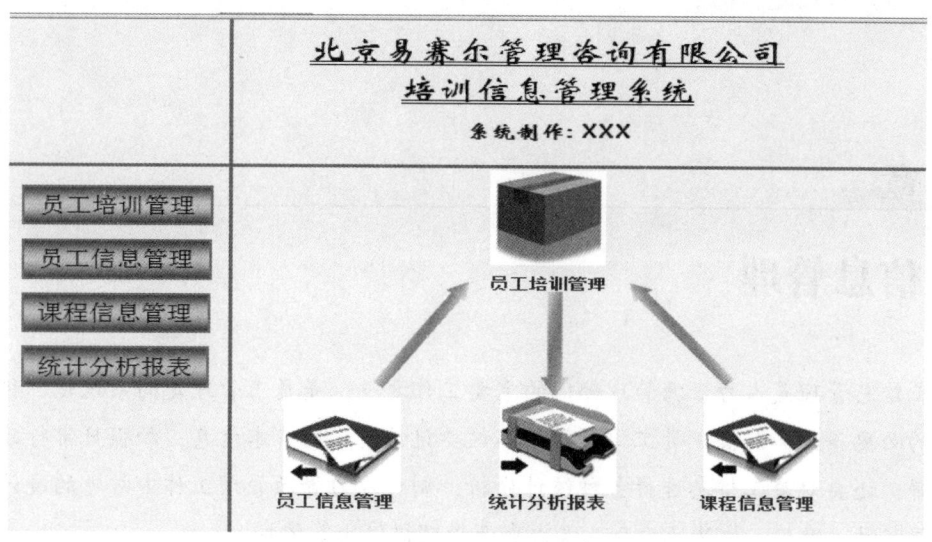

图 2-48　培训信息管理系统界面

（2）为相应图片和文字设置超级链接，具体方法如下。

① 选择需要设置超级链接的文字，如"员工培训管理"，单击右键后在下拉菜单中单击"超链接"。

② 在弹出的"插入超链接"对话框左侧的链接列表中单击"本文档中的位置"，然后选择文件中要链接的位置，再单击"确定"即可，见图 2-49。

③ 在相应工作表中可插入按钮或图片，设置返回系统界面的超级链接，方法同上。

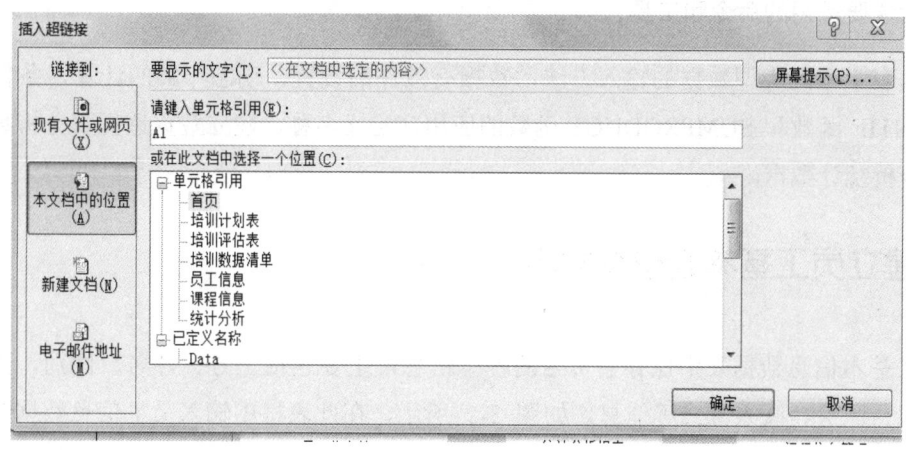

图 2-49　设置超级链接

第 3 章

员工信息管理

员工信息管理是人力资源管理部门的重要工作之一，是员工管理走向系统化、科学化、规范化的必要条件和前提。员工信息管理不仅要记录员工的基本信息，加强日常行政管理及人事监督，还要对员工信息进行各种统计分析，制作人力资源管理工作中常见的统计分析报表，以便实时、准确、快速地为企业人力资源管理提供决策依据。

本章的学习内容：

（1）建立员工基本信息数据表；

（2）完成员工信息统计表；

（3）完成月度人员增减汇总表；

（4）完成人员流动情况统计分析表；

（5）利用数据透视表和数据透视图对员工信息进行多维度动态分析。

本章需要运用的命令和工具：

数据表中不同类型数据的输入方法，数据有效性的设置，动态年龄的计算，条件求和函数 COUNTIF 函数和 SUMPRODUCT 函数的应用，定义名称，建立数据透视表分析数据，利用图表分析统计数据。

3.1 建立员工基本信息数据表

员工基本信息数据表中保存着员工的基本信息，主要包括工号、姓名、性别、身份证号码、部门、职务、联系方式等信息，如图 3-1 所示，在此表格中输入员工信息数据时不能有空行。

3.1.1 创建员工基本信息数据表

创建一个新的工作簿，命名为"员工基本信息数据"，选中其中一个工作表命名为"员工清单"，并在工作表中输入字段内容，即表头。表头主要有：工号、姓名、性别、部门、职务、婚姻状况、出生日期、年龄、进公司时间、本公司工龄、学历、毕业时间、毕业学校、专业、籍贯、现家庭住址、移动电话、住宅电话、身份证号码、离职时间、离职原因等，见

图 3-1。

工号	姓名	性别	部门	职务	婚姻状况	出生日期	年龄	进公司时间	本公司工龄	学历	毕业时间	毕业学校	专业	籍贯	现家庭住址	移动电话	住宅电话	身份证号码	离职时间	离职原因
0001	AAA1	男	办公室	总经理	已婚	1963/12/12	54	1987/4/8	31	博士								110108196312122295		
0002	AAA2	男	办公室	副总经理	已婚	1965/6/18	52	1990/1/8	28	硕士								110108196506182572		
0003	AAA3	男	办公室	副总经理	已婚	1979/10/22	38	2002/5/1	16	本科								110108197910223240		
0004	AAA4	男	办公室	职员	已婚	1986/11/1	31	2006/9/24	12	本科									2009/6/5	因个人原因辞职
0005	AAA5	女	办公室	职员	已婚	1982/8/26	35	2007/8/8	11	本科										
0006	AAA6	女	HR	经理	已婚	1983/5/15	34	2005/11/28	12	本科										
0007	AAA7	男	HR	经理	已婚	1983/5/3		2005/3/9	13	本科										
0008	AAA8	男	HR	副经理	未婚	1972/3/19	46	1995/4/19	23	本科									2010/3/10	考核不合要求辞退
0009	AAA9	男	HR	职员	已婚	1978/5/4	39	2003/1/26	15	本科										
0010	AAA10	男	HR	职员	已婚	1981/6/24	36	2006/11/11	11	大专										
0011	AAA11	女	HR	职员	已婚	1972/12/15	45	1997/10/15	20	本科										
0012	AAA12	女	HR	职员	未婚	1971/8/22	46	1994/5/22	24	本科										
0013	AAA13	男	财务部	副经理	已婚	1978/8/12	39	2002/10/12	15	本科										
0014	AAA14	女	财务部	经理	已婚	1959/7/15	58	1984/12/21	33	硕士									2009/6/10	因个人原因辞职
0015	AAA15	女	财务部	职员	已婚	1968/6/6	49	1991/10/18	26	本科										
0016	AAA16	女	财务部	职员	未婚	1967/8/9	50	1990/4/28	28	本科										
0017	AAA17	女	财务部	职员	已婚	1974/12/11	43	1999/12/27	18	本科										
0018	AAA18	女	财务部	副经理	已婚	1971/5/24	46	1995/7/21	23	本科									2009/6/10	因个人原因辞职
0019	AAA19	女	技术部	经理	已婚	1980/11/16	37	2003/10/28	14	本科										
0020	AAA20	男	技术部	副经理	已婚	1985/6/28	32	2007/8/13	11	本科										
0021	AAA21	男	技术部	副经理	未婚	1969/4/24	48	1994/5/24	23	硕士										
0022	AAA22	女	技术部	职员	已婚	1958/8/8	59	1982/8/14	36	硕士										
0023	AAA23	女	技术部	职员	已婚	1982/8/9	35	2004/6/11	14	本科										
0024	AAA24	女	技术部	职员	已婚	1985/8/7	32	2007/11/15	10	本科										
0025	AAA25	女	技术部	职员	未婚	1979/3/28	39	2001/12/11	16	本科									2009/10/15	因个人原因辞职
0026	AAA26	男	技术部	职员	已婚	1981/4/17	36	2003/9/7	15	硕士										
0027	AAA27	男	技术部	职员	已婚	1981/7/21	36	2006/8/16	12	本科										
0028	AAA28	女	贸易部	经理	已婚	1952/4/30	65	1984/4/8	34	硕士										
0029	AAA29	男	贸易部	职员	已婚	1985/9/30	32	2007/6/12	11	本科										
0030	AAA30	男	贸易部	职员	未婚	1978/11/22	39	2002/8/18	16	本科										
0031	AAA31	女	贸易部	职员	已婚	1983/5/5	34	2007/4/26	11	本科										
0032	AAA32	女	贸易部	职员	已婚	1981/2/15	37	2003/10/30	14	本科										

图 3-1 员工基本信息数据

3.1.2 员工清单工作表中数据的输入

对于员工清单工作表中的一些特殊数据和固定数据项目，为了提高数据输入的准确性，可进行"数据有效性"的设置，比如工号、部门、职务、婚姻状况、离职原因等，具体操作方法参考 1.2.1 节中的说明。

（1）工号的输入。工号是员工清单工作表中的必需项目，每个员工的工号是唯一且不能重复的，因此，可用 Excel 提供的"数据有效性"功能来控制工号的输入，避免输入重复的工号。

制作完成表头后，选择 A 列，首先将 A 列单元格格式设置为"文本"格式。然后打开"数据有效性"窗口，设置数据有效性，将"有效性条件"设置为"自定义"，并在公式栏中输入有效性公式：

–COUNTIF($A:$A,$A1)–1

选择"出错警告"选项卡，在"错误信息"文本框中输入"工号不可重复，请核对后重新输入"，见图 3-2；设置好有效性条件和出错警告后，单击"确定"。

> 函数说明：
> COUNTIF 函数：对指定区域中符合指定条件的单元格计数。

设置好 A 列数据有效性后，如果不小心输入了重复的工号，系统会自动弹出"警告"对话框，提示错误信息，见图 3-3。

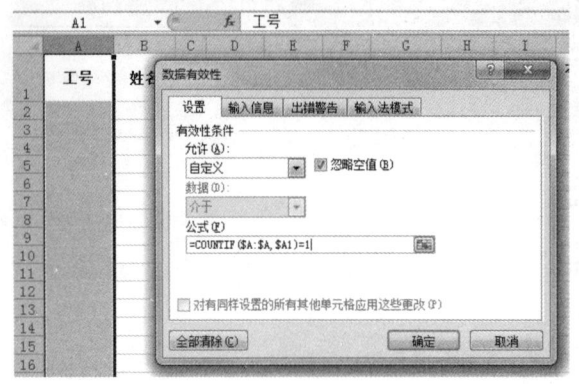
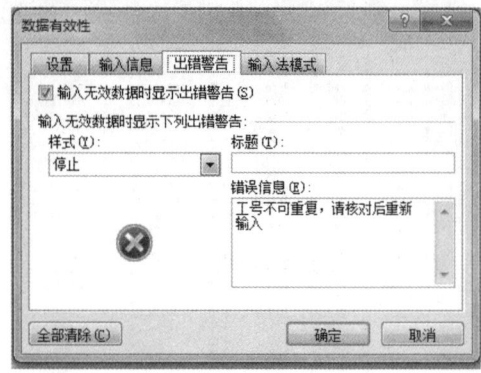

图 3-2（a）　设置数据有效性　　　　　　　　　　图 3-2（b）　设置数据有效性

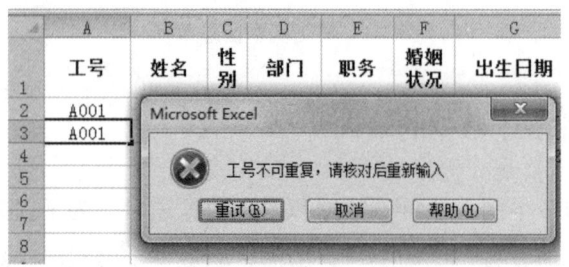

图 3-3　输入重复数据时系统提示

（2）部门、职务、婚姻状况、学历、离职原因等固定数据项的输入。

① 选中一个工作表命名为"数据序列"，在表中输入相应的数据信息，见图 3-4。

	A	B	C	D	E	F
1	部门	职务	婚姻状况	学历	离职原因	
2	HR	总经理	未婚	硕士	合同到期但个人不愿续签	
3	办公室	副总经理	已婚	本科	合同到期但公司不愿续签	
4	财务部	经理	离婚	大专	因个人原因辞职	
5	分控	副经理		中专	因个人公司辞职	
6	后勤部	职员		高中	违反公司规定辞退	
7	技术部				生产任务变化辞退	
8	贸易部				考核不合要求辞退	
9	生产部				退休	
10	外借				买断	
11	销售部				死亡	
12	信息部				其他	
13						

图 3-4　建立"数据序列"工作表

②选中 D2 单元格，打开"数据有效性"对话框，将有效性条件中的允许设置为"序列"，在"来源"公式栏输入公式："=数据序列!$A$2:$A$12"，见图 3-5，然后向下复制 D2

单元格的数据有效性即可。这样，输入员工部门信息时直接从列表中选择即可，见图 3-6。

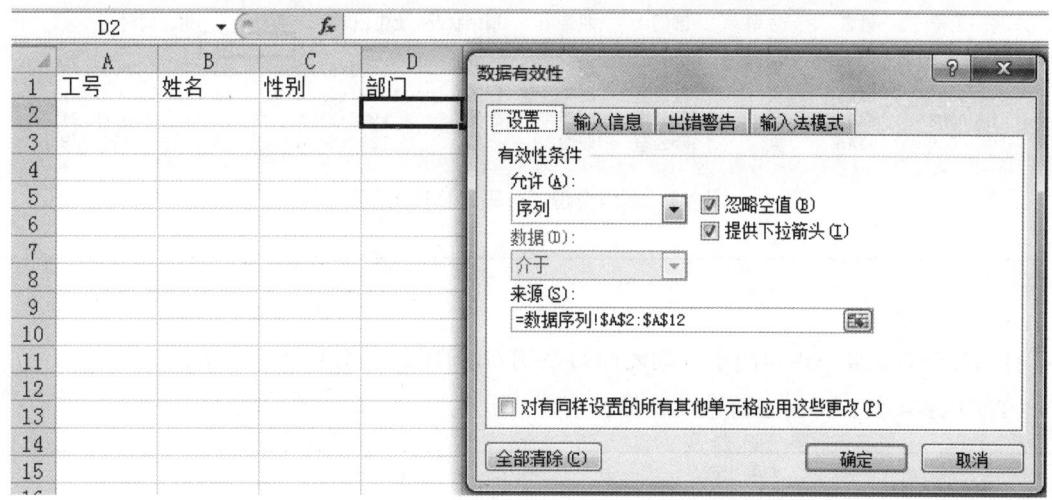

图 3-5　设置 D2 单元格数据有效性

图 3-6　利用数据有效性输入员工"部门"信息

员工清单工作表中的职务、婚姻状况、学历、离职原因等其他固定数据项也可以用相同的方法设定数据有效性，提高数据输入的准确性；表中的时间项目等需要手工输入，注意设置时间项目单元格的日期格式，也可设置数据有效性，限制只能输入合法的时间。

3.1.3　计算动态年龄

在员工清单工作表中，可以通过身份证号码提取出员工的性别、出生日期、年龄、籍贯等。此外，可以根据出生日期，利用函数 DATEDIF 来计算员工的年龄，在单元格 H2 中输入公式：

=DATEDIF(G2,TODAY(),"y")

同时向下复制此公式，见图 3-7。

	H2		▼		f_x	=DATEDIF(G2,TODAY(),"y")			

	A	B	C	D	E	F	G	H	I
1	工号	姓名	性别	部门	职务	婚姻状况	出生日期	年龄	进公司时间
2	0001	AAA1	男	办公室	总经理	已婚	1963/12/12	54	1987/4/8
3	0002	AAA2	男	办公室	副总经理	已婚	1965/6/18	53	1990/1/8
4	0003	AAA3	女	办公室	副总经理	已婚	1979/10/22	38	2002/5/1
5	0004	AAA4	男	办公室	职员	已婚	1986/11/1	31	2006/9/24
6	0005	AAA5	女	办公室	职员	已婚	1982/8/26	36	2007/8/8

图 3-7　利用身份证号码计算员工年龄

函数说明：

DATEDIF 函数：返回两个日期之间的年/月/日间隔数，本例中返回年数。

TODAY 函数：得到当前系统日期。

3.1.4　计算动态工龄

员工在本公司的工龄可以设置为根据入职时间及公司的具体规定进行自动计算。假设规定入职半年即视为工龄为 1 年，入职不满半年则不计算工龄，那么可以用 ROUND 函数来计算工龄，在 J2 单元格输入公式：

=ROUND(YEARFRAC(I2,TODAY(),1),0)

同时向下复制此公式即可。

在"员工清单"工作表基本制作完成后，对表格进行一些美化操作，然后可在表中输入员工信息，完成员工基本信息表的制作和数据的输入，见图 3-8。

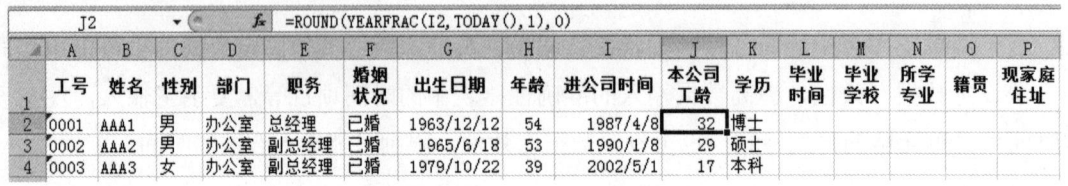

	J2		▼		f_x	=ROUND(YEARFRAC(I2,TODAY(),1),0)									

	A	B	C	D	E	F	G	H	I	J	K	L	M	N	O	P
1	工号	姓名	性别	部门	职务	婚姻状况	出生日期	年龄	进公司时间	本公司工龄	学历	毕业时间	毕业学校	所学专业	籍贯	现家庭住址
2	0001	AAA1	男	办公室	总经理	已婚	1963/12/12	54	1987/4/8	32	博士					
3	0002	AAA2	男	办公室	副总经理	已婚	1965/6/18	53	1990/1/8	29	硕士					
4	0003	AAA3	女	办公室	副总经理	已婚	1979/10/22	39	2002/5/1	17	本科					

图 3-8　计算员工动态工龄

函数说明：

ROUND 函数：返回一个数值，该数值是按照指定的小数位数进行四舍五入运算的结果。

YEARFRAC 函数：计算两个日期之间的完整天数占全年天数的比例。

3.2 员工信息数据的条件求和及统计分析

人力资源管理工作中对"员工清单"工作表中的员工信息数据进行各种统计求和及统计分析的应用非常广泛。例如，在实际工作中，可能需要对各个部门员工的性别、年龄分布情况、学历分布情况进行统计分析，对每个月各部门员工人数的增减、流失情况进行统计分析，以及其他统计分析需求，这些都可以通过 Excel 中不同的函数加以解决。

3.2.1 编制员工信息统计表

（1）新建一个工作表，命名为"******公司员工信息统计表"，其结构见图 3-9。

部门	在职总人数	性别		婚姻状况		年龄									学历					
		男	女	已婚	未婚	25岁以下	26-30岁	31-35岁	36-40岁	41-45岁	46-50岁	51-55岁	56岁以上	博士	硕士	本科	大专	中专	高中
办公室																				
财务部																				
HR																				
贸易部																				
后勤部																				
技术部																				
生产部																				
销售部																				
信息部																				
分控																				
外借																				
合计																				

图 3-9 ******公司员工信息统计表

对于此类多个条件的计数问题，可以使用 SUMPRODUCT 函数进行统计计算，也可直接借助 COUNTIF 函数来实现。

（2）为了快速输入公式，首先要对"员工清单"工作表中的数据批量定义名称，即将"员工清单"工作表中的每列数据区域分别定义为列标题文字的名称。

在"员工清单"工作表中选择所有员工的工号，本例中选中 A2:A91 单元格区域，选择"公式"菜单栏中的"名称管理器"，选择"新建名称"，在弹出的"新建名称"对话框中，在"名称"文本框中输入"工号"，单击"确定"，即将所选单元格区域定义为"工号"，见图 3-10。

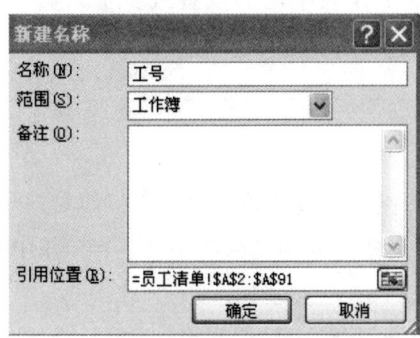

图 3-10 定义"工号"名称

用同样的方法定义"员工清单"工作表中的性别、部门、职务、婚姻状况、出生日期、年龄、进公司时间、本公司工龄、学历、毕业时间、毕业学校、专业、籍贯、身份证号码、离职时间、离职原因等数据区域。

（3）在员工信息统计表的 B4 单元格中输入公式：

=SUMPRODUCT((部门=$A4*1,(离职时间="")*1)

利用 SUMPRODUCT 函数计算本部门当前在职人数。用同样的方法可以统计本部门男女人数分布、不同婚姻状况的人数分布、不同年龄段的人数分布、不同学历的人数分布，等等。计算公式如下所示：

单元格 C4：=SUMPRODUCT((部门=$A4)*1,(性别=C$3)*1,(离职时间="")*1)

单元格 D4：=SUMPRODUCT((部门=$A4)*1,(性别=D$3)*1,(离职时间="")*1)

单元格 E4：=SUMPRODUCT((部门=$A4)*1,(婚姻状况=E$3)*1,(离职时间="")*1)

单元格 F4：=SUMPRODUCT((部门=$A4)*1,(婚姻状况=F$3)*1,(离职时间="")*1)

单元格 G4：=SUMPRODUCT((部门=$A4)*1,(年龄<=25)*1,(离职时间="")*1)

单元格 H4：=SUMPRODUCT((部门=$A4)*1,(年龄>=26)*1,(年龄<=30)*1,(离职时间="")*1)

单元格 I4：=SUMPRODUCT((部门=$A4)*1,(年龄>=31)*1,(年龄<=35)*1,(离职时间="")*1)

单元格 J4：=SUMPRODUCT((部门=$A4)*1,(年龄>=36)*1,(年龄<=40)*1,(离职时间="")*1)

单元格 K4：=SUMPRODUCT((部门=$A4)*1,(年龄>=41)*1,(年龄<=45)*1,(离职时间="")*1)

单元格 L4：=SUMPRODUCT((部门=$A4)*1,(年龄>=46)*1,(年龄<=50)*1,(离职时间="")*1)

单元格 M4：=SUMPRODUCT((部门=$A4)*1,(年龄>=51)*1,(年龄<=55)*1,(离职时间="")*1)

单元格 N4：=SUMPRODUCT((部门=$A4)*1,(年龄>=56)*1,(离职时间="")*1)

单元格 O4：=SUMPRODUCT((部门=$A4)*1,(学历=O$3)*1,(离职时间="")*1)

单元格 P4：=SUMPRODUCT((部门=$A4)*1,(学历=P$3)*1,(离职时间="")*1)

单元格 Q4：=SUMPRODUCT((部门=$A4)*1,(学历=Q$3)*1,(离职时间="")*1)

单元格 R4：=SUMPRODUCT((部门=$A4)*1,(学历=R$3)*1,(离职时间="")*1)

单元格 S4：=SUMPRODUCT((部门=$A4)*1,(学历=S$3)*1,(离职时间="")*1)

单元格 T4：=SUMPRODUCT((部门=$A4)*1,(学历=T$3)*1,(离职时间="")*1)

注意：如果"员工清单"工作表中增加或者减少了人员，则需要重新定义以上所有名称，这样就可自动得到数据变更后的员工信息统计情况。

函数说明：

SUMPRODUCT 函数：返回相应的区域或数组乘积的和。可用来进行多条件计数，即统计同时满足条件 1、条件 2 到条件 n 的记录的个数。=SUMPRODUCT((条件 1)*(条件 2)*(条件 3)* ……(条件 n))。

SUMPRODUCT 的函数计算需要以组合键【Ctrl+Shift+Enter】来运行。

3.2.2 编制月度人员增减情况汇总表

可以通过统计每月员工人数来反映公司员工人数的增减变动情况，以此了解公司的人员结构变化趋势，为公司人力资源管理决策提供依据。

（1）制作月度人员增减情况汇总表，表的结构见图 3-11。

部门	编制	月末(当前)人数	上月人数	当月新增人数	内部调整增加人数	当月减少人数	内部调整减少人数	说明	备注
办公室									
财务部									
HR									
贸易部									
后勤部									
技术部									
生产部									
销售部									
信息部									
分控									
外借									
合计									

图 3-11　月度人员增减情况汇总表

（2）将 C2 单元格定义为名称"统计年度"，可在 C2 单元格中手工输入统计年度；同样将 E2 单元格定义为名称"统计月份"，在单元格 E2 中手工输入统计月份，见图 3-12。

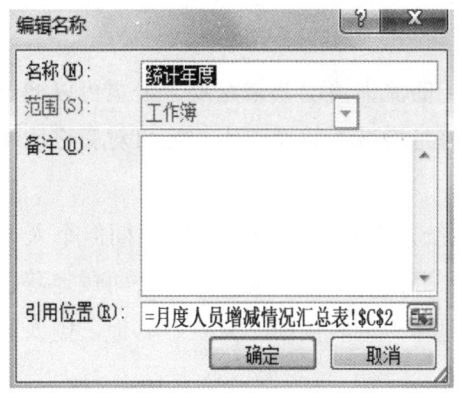
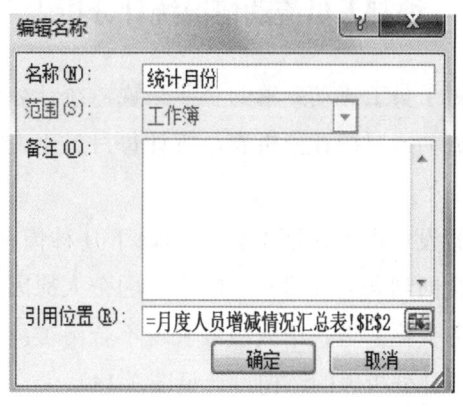

图 3-12（a）　定义名称"统计年度"　　　　图 3-12（b）　定义名称"统计月份"

（3）计算公司各部门人数变化情况，汇总表中各部门编制人数。内部调整增加人数和内部调整减少人数需要手工输入，即 C 列、G 列、I 列中的数据需要手工输入，其他列的数据则需要利用 Excel 公式进行计算得出，计算公式如下：

单元格 D4：=SUMPRODUCT((部门=$B4)*1,(离职时间="")*1)

单元格 E4：=D4−F4−G4+H4+I4

单元格 F4：=SUMPRODUCT((部门=$B4)*1,(YEAR(进公司时间)=统计年度)*1, (MONTH (进公司时间)=统计月份)*1)

单元格 H4：=SUMPRODUCT((部门=$B4)*1,(YEAR(离职时间)=统计年度)*1, (MONTH (离职时间)=统计月份)*1)

D 列、E 列、F 列、H 列单元格的数据可通过向下复制各单元格公式得出。最后利用自动求和函数得出公司本月人数变化情况，并将此表命名为"月度人员增减情况汇总表"，统计结果见图 3-13。

部门	编制	月末(当前)人数	上月人数	当月新增人数	内部调整增加人数	当月减少人数	内部调整减少人数	说明	备注
办公室	4	4	4	0		0			
财务部	8	8	6	2		0			
HR	10	8	8	1		1			
贸易部	12	7	7	0		0			
后勤部	5	5	5	0		0			
技术部	12	8	8	0		0			
生产部	15	8	7	1		0			
销售部	22	12	12	1		1			
信息部	5	4	5	0		1			
分控	12	10	11	0		1			
外借	20	7	6	1		0			
合计	125	81	79	6	0	4			

标题：月度人员增减情况汇总表（统计年度、统计月份）

图 3-13　月度人员增减情况汇总表

3.2.3　编制人员流动情况统计分析表

对于员工流动频繁的企业来说，统计分析员工的流失情况非常重要。公司可以通过制作人员流动情况统计分析表，统计每月员工人数、每月增减人数及原因，还可对新进比率和流失比率等进行分析。

假设员工的离职原因分为以下几种情况：系统发工资前离职、合同到期但个人不愿续签、合同到期但公司不愿续签、因个人原因辞职、因公司原因辞职、违反公司规定辞退、生产任务变化辞退、个人绩效表现不合格被辞退、退休、工龄买断、死亡、其他，则人员流动情况统计分析表的结构设计见图 3-14。

可以根据"员工清单"工作表中的基础数据，统计得出各部门每月人数的具体变动情况。在指定单元格中分别输入以下公式进行计算：

单元格 D3：=统计年度

单元格 G3：=统计月份

单元格 B9：=月度人员增减情况汇总表!E4

单元格 C9：=B9+SUM(D9:G9)−SUM(H9:T9)

单元格 D9：=月度人员增减情况汇总表!G4

	A	B	C	D	E	F	G	H	I	J	K	L	M	N	O	P	Q	R	S	T	U	V	W	X	Y
1	人员流动情况统计分析表																								
2																									
3		统计年度			统计月份																				
4	部门	月初人数	月末人数	当月增加人数				当月减少人数													当月入职人数	当月流失人数	新进率（%）	流失率（%）	本月人员流失率目标
5				公司内部调动	外部招聘	退伍安置	其他	解除合同					系统发工资前离职	公司内部调动	合同终止		工龄买断	退休	死亡	其他					
6								员工提出		公司提出					个人不愿续签	公司不愿续签									
7								公司原因	个人原因	生产任务变化	违反公司规定	个人绩效表现													
8		1	2	3	4	5	6	7	8	9	10	11	12	13	14	15	16	17	18	19	20	21	22	23	24
9	办公室																								
10	财务室																								
11	HR																								
12	贸易部																								
13	后勤部																								
14	技术部																								
15	生产部																								
16	销售部																								
17	信息部																								
18	分控																								
19	外借																								
20	总计																								

图 3-14　人员流动情况统计分析表

单元格 H9：=SUMPRODUCT((部门=$A9)*1,(YEAR(离职时间)=统计年度)*1,(MONTH(离职时间)=统计月份)*1,(离职原因="因公司原因辞职")*1)

单元格 I9：=SUMPRODUCT((部门=$A9)*1,(YEAR(离职时间)=统计年度)*1,(MONTH(离职时间)=统计月份)*1,(离职原因="因个人原因辞职")*1)

单元格 J9：=SUMPRODUCT((部门=$A9)*1,(YEAR(离职时间)=统计年度)*1,(MONTH(离职时间)=统计月份)*1,(离职原因="生产任务变化辞退")*1)

单元格 K9：=SUMPRODUCT((部门=$A9)*1,(YEAR(离职时间)=统计年度)*1 ,(MONTH(离职时间)=统计月份)*1,(离职原因="违反公司规定辞退")*1)

单元格 L9：=SUMPRODUCT((部门=$A9)*1,(YEAR(离职时间)=统计年度)*1, (MONTH(离职时间)=统计月份)*1,(离职原因="个人绩效表现不合格被辞退")*1)

单元格 M9：=SUMPRODUCT((部门=$A9)*1,(YEAR(离职时间)=统计年度)*1, (MONTH(离职时间)=统计月份)*1,(离职原因="系统发工资前离职")*1)

单元格 N9：=月度人员增减情况汇总表!I4

单元格 O9：=SUMPRODUCT((部门=$A9)*1,(YEAR(离职时间)=统计年度)*1, (MONTH(离职时间)=统计月份)*1,(离职原因="合同到期但个人不愿续签")*1)

单元格 P9：=SUMPRODUCT((部门=$A9)*1,(YEAR(离职时间)=统计年度)*1,(MONTH(离职时间) =统计月份)*1,(离职原因="合同到期但公司不愿续签")*1)

单元格 Q9：=SUMPRODUCT((部门=$A9)*1,(YEAR(离职时间)=统计年度)*1, (MONTH(离职时间)=统计月份)*1,(离职原因="工龄买断")*1)

单元格 R9：=SUMPRODUCT((部门=$A9)*1,(YEAR(离职时间)=统计年度)*1, (MONTH(离职时间)=统计月份)*1,(离职原因="退休")*1)

单元格 S9： =SUMPRODUCT((部门=$A9)*1,(YEAR(离职时间)=统计年度)*1, (MONTH(离职时间)=统计月份)*1,(离职原因="死亡")*1)

单元格 T9：=SUMPRODUCT((部门=$A9)*1,(YEAR(离职时间)=统计年度)*1, (MONTH(离职时间)=统计月份)*1,(离职原因="其他")*1)

注意：以 SUMPRODUCT 的函数计算需要以组合键【Ctrl+Shift+Enter】来运行。

单元格 U9：=E9+F9+G9

单元格 V9：=H9+I9+O9

单元格 W9：=U9/(B9+C9)*2

单元格 X9：=V9/(B9+C9)*2

此外，E 列、F 列、G 列、Y 列中的数据，及当月外部招聘人数、当月退伍安置人数、其他人数和本月人员流失率目标需要手工输入。

向下复制各单元格公式，最后利用自动求和函数得出公司本月人员流动变化情况，并将此表命名为“人员流动情况统计分析表”，见图 3-15。

人员流动情况统计分析表

统计年度 2010 统计月份 3

部门	月初人数	月末人数	当月增加人数				当月减少人数													当月入职人数	当月流失人数	新进率（%）	流失率（%）	本月人员流失率目标
							解除合同					系统发工资前离职	公司内部调动	合同终止		工龄买断	退休	死亡	其他					
							员工提出		公司提出															
			公司内部调动	外部招聘	退伍安置	其他	公司原因	个人原因	生产任务变化	违反公司规定	个人绩效表现			个人不愿续签	公司不愿续签									
	1	2	3	4	5	6	7	8	9	10	11	12	13	14	15	16	17	18	19	20	21	22	23	24
办公室	4	4	0				0	0	0	0	0	0	0	0	0	0	0	0	0	0	0	0	0.00%	
财务室	6	6	0				0	0	0	0	0	0	0	0	0	0	0	0	0	0	0	0	0.00%	
HR	8	7	0				0	0	0	0	1	0	0	0	0	0	0	0	0	0	0	0	0.00%	
贸易部	7	7	0				0	0	0	0	0	0	0	0	0	0	0	0	0	0	0	0	0.00%	
后勤部	5	5	0				0	0	0	0	0	0	0	0	0	0	0	0	0	0	0	0	0.00%	
技术部	8	8	0				0	0	0	0	0	0	0	0	0	0	0	0	0	0	0	0	0.00%	
生产部	7	7	0				0	0	0	0	0	0	0	0	0	0	0	0	0	0	0	0	0.00%	
销售部	12	11	0				0	1	0	0	0	0	0	0	0	0	0	0	0	0	1	0	8.70%	
信息部	5	4	0				0	1	0	0	0	0	0	0	0	0	0	0	0	0	1	0	22.22%	
分控	11	10	0				0	0	0	0	1	0	0	0	0	0	0	0	0	0	0	0	0.00%	
外借	6	6	0				0	0	0	0	0	0	0	0	0	0	0	0	0	0	0	0	0.00%	
总计	79	75	0	0	0	0	0	2	0	0	2	0	0	0	0	0	0	0	0	0	2	0	0	

图 3-15　人员流动情况统计分析表

完成报表后，可对员工流动情况数据进行分析，并把本月员工流失的主要原因和应对措施填入表格底部的说明单元格中，然后打印出来，作为公司管理决策的依据，见图 3-16。

本月流失主要原因：

应对措施：

1、月初人数=上月末在岗人数　　当月入职人数=当月正式录用的人数

2、表间关系：2=1+(3+4+5+6)-(7+8+...+19)

20=4+5+6

21=7+8+14

22=20/(1+2)*2*100%

23=21/(1+2)*2*100%

图 3-16　人员流动情况统计分析表——流动原因及应对措施

3.3 员工信息的多维度动态分析

在员工信息管理过程中，还可以利用数据透视表功能，在“员工清单”工作表的复杂数据中提取所需要的数据，同时制作符合分析需要的数据透视表和数据透视图，以便对员工信

息进行多维度动态分析。

3.3.1 创建基本的数据透视表

首先以"员工清单"工作表中的数据为基础建立一个新的基本数据透视表，可以在此数据透视表基础上对员工基本数据进行各项分析。选择插入"数据透视表"，弹出"创建数据透视表"对话框，其中的"表/区域"设置为：员工清单!$A$1:$U$91，并选择将数据透视表放置在"新工作表"，具体操作见图3-17。

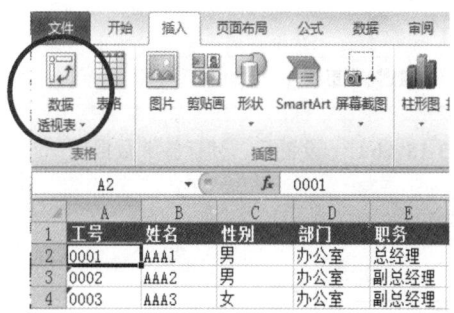

图 3-17（a） 建立新数据透视表

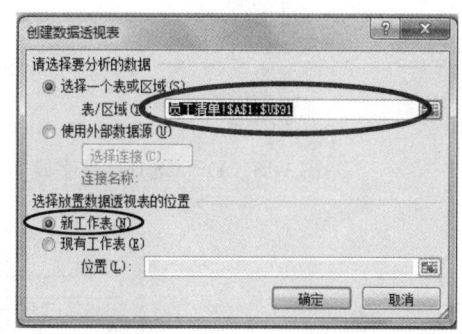

图 3-17（b） 建立新数据透视表

图 3-17（c） 建立新数据透视表

3.3.2 分析在职员工的性别构成

为了分析各部门在职人员的男女人数构成情况，在新建的数据透视表中，从"选择要添加到报表的字段"列表中选择需要的字段并拖动到相应的报表区域，报表筛选设置为"离职时间"字段，行标签为"部门"字段，列标签为"性别"字段，数值为"工号"字段，并对"工号"进行计数，则可自动得出各部门男女人数构成情况，见图3-18。

 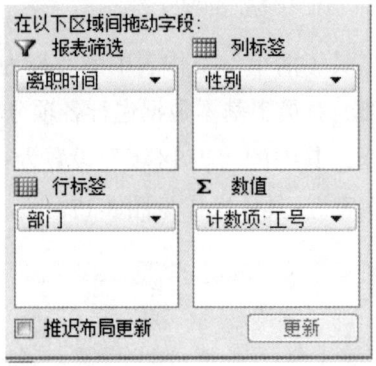

图 3-18（a）　选择需要字段　　　　图 3-18（b）　设置行、列标签等数据项

离职时间	(全部)		
计数项:工号	性别		
部门	男	女	总计
HR	6	3	9
办公室	3	2	5
财务部	2	8	10
分控	6	5	11
后勤部	2	3	5
技术部	4	5	9
贸易部	3	4	7
生产部	5	4	9
外借	3	4	7
销售部	9	4	13
信息部	1	4	5
总计	44	46	90

图 3-18（c）　　分析在职员工的性别构成

3.3.3　分析在职员工的年龄构成

（1）分析各部门不同年龄段人员的构成情况。在新建的数据透视表中，将报表筛选设置为"离职时间"字段，行标签为"部门"字段，列标签为"年龄"字段，数值为"工号"字段，并对"工号"字段进行计数，由此得出各部门不同年龄段人员的构成情况，见图 3-19。

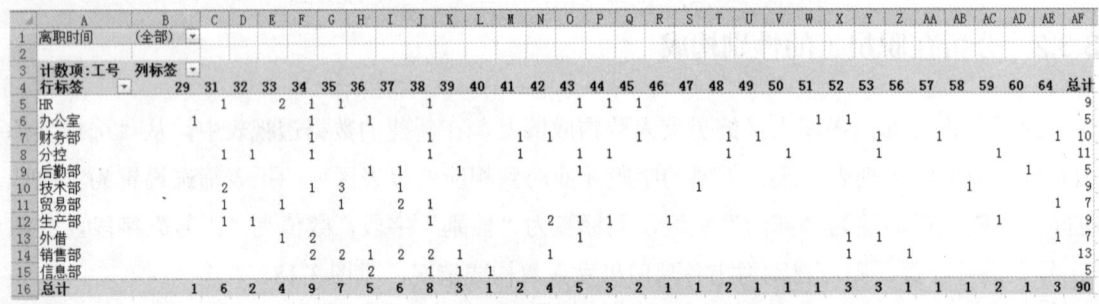

图 3-19　分析各部门不同年龄段人员的构成情况

在图 3-19 的基础上，对列标签的年龄段进一步划分区间。选择任意列标签单元格，单击右键，在命令列表中选择"创建组"，在"组合"窗口设置年龄段区间和步长，见图 3-20。

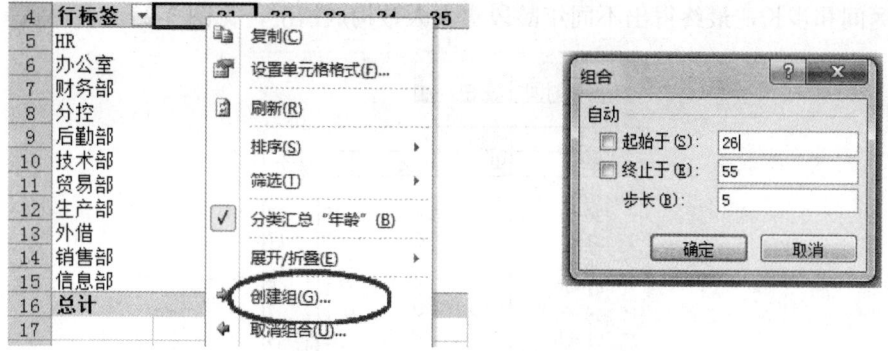

图 3-20　设置不同年龄段区间

可以修改数据透视表行列标签名称，得到各部门不同年龄段人员构成情况表，见图 3-21。

离职时间	(空白)								
人数	年龄								
部门	<26	26-30	31-35	36-40	41-45	46-50	51-55	>56	总计
HR	1	4	1	2					8
办公室		2			1	1			4
财务部		1	2	1	2	1		1	8
分控	1	2	1	2	2	1	1		10
后勤部		2	1				1	1	5
技术部	2	4		1			1		8
贸易部	1	2	3					1	7
生产部	2		2	3			1		8
外借		3		1		2		1	7
销售部		6	4			2			12
信息部		1	3						4
总计	7	27	17	11	5	7	4	3	81

图 3-21　各部门不同年龄段人员构成情况

（2）分析不同学历水平各个年龄段人数。在新建的数据透视表中，将报表筛选设为"离职时间"字段，行标签为"学历"字段，列标签为"年龄"字段，数值为"工号"字段，并对"工号"进行计数，得出不同学历各个年龄段人员的构成情况，见图 3-22。

离职时间	(空白)								
人数	年龄								
学历	<26	26-30	31-35	36-40	41-45	46-50	51-55	>56	总计
本科	7	15	8	9	3	5	2	1	50
博士		1				1			2
大专		2	1				1	1	5
高中		4	1						5
硕士		4	7	2	2	1	1	1	18
中专		1							1
总计	7	27	17	11	5	7	4	3	81

图 3-22　不同学历各个年龄段人员的构成情况

（3）分析各个年龄段的男女人数。在新建的数据透视表中，将报表筛选设置为"离职时间"字段，行标签为"年龄"字段，列标签为"性别"字段，数值为"工号"字段，对"年龄"设置区间和步长，最终得出不同年龄段男女人数构成情况，见图3-23。

离职时间	(空白)		
人数	性别		
年龄	男	女	总计
<26	3	4	7
26-30	12	15	27
31-35	8	9	17
36-40	6	5	11
41-45	4	1	5
46-50	3	4	7
51-55	2	2	4
>56	1	2	3
总计	39	42	81

图 3-23　不同年龄段男女人数构成情况

（4）用同样的方法可以分析在职员工的文化程度构成、工龄构成等项目，可自行完成，分析结果见图3-24、图3-25。

离职时间	(空白)						
人数	学历						
部门	博士	硕士	本科	大专	中专	高中	总计
HR		1	6	1			8
办公室	1	1	2				4
财务部			8				8
分控		1	6	2		1	10
后勤部			3	1		1	5
技术部		4	4				8
贸易部		4	3				7
生产部		1	7				8
外借			3	1		3	7
销售部	1	3	7		1		12
信息部		3	1				4
总计	2	18	50	5	1	5	81

图 3-24　在职员工的文化程度构成情况

离职时间	(空白)						
人数	本公司工龄						
部门	<6	6-10	11-15	16-20	21-25	>26	总计
HR	5	1	1	1			8
办公室	1	1		1	1		4
财务部	4	2		2			8
分控	8	2					10
后勤部		3		1		1	5
技术部	3	3		1		1	8
贸易部	2	4				1	7
生产部	2		4	1		1	8
外借	5		2				7
销售部	5	5	1	1			12
信息部		4					4
总计	35	25	8	8	1	4	81

图 3-25　在职员工的工龄构成情况

3.4 利用图表分析员工信息

3.4.1 公司男女构成分析图

为了更加形象、直观地表示数据分析结果，可以在统计结果的基础上进一步利用图表工具分析公司各个部门男女人数统计结果。

（1）首先将 3.3.2 中利用数据透视表统计得出的各部门男女人数构成情况统计表复制到新的工作表，见图 3-26；并在数据表中添加一列内容，完成辅助绘图区域，见图 3-27。

	A	B	C
1	部门	男	女
2	HR	5	3
3	办公室	2	2
4	财务部	2	6
5	分控	5	5
6	后勤部	2	3
7	技术部	4	4
8	贸易部	3	4
9	生产部	4	4
10	外借	3	4
11	销售部	9	3
12	信息部	0	4

图 3-26 各部门男女员工人数

	A	B	C	D
1	部门	男	部门	女
2	HR	-5	4	3
3	办公室	-2	4	2
4	财务部	-2	4	6
5	分控	-5	4	5
6	后勤部	-2	4	3
7	技术部	-4	4	4
8	贸易部	-3	4	4
9	生产部	-4	4	4
10	外借	-3	4	4
11	销售部	-9	4	3
12	信息部	0	4	4

图 3-27 各部门男女员工人数辅助绘图区

注意：在图 3-27 中，将 B 列的统计人数改为负数是为了使男女统计人数能够在数据轴两侧分开显示，增加 C 列数据是为了生成图表时分隔左右条形图。选择 B 列并设置单元格格式，在"数字"标签的"分类"中选择"自定义"选项，然后在输入框中输入"0;0"，表示在表中将负数显示为正数，见图 3-28。

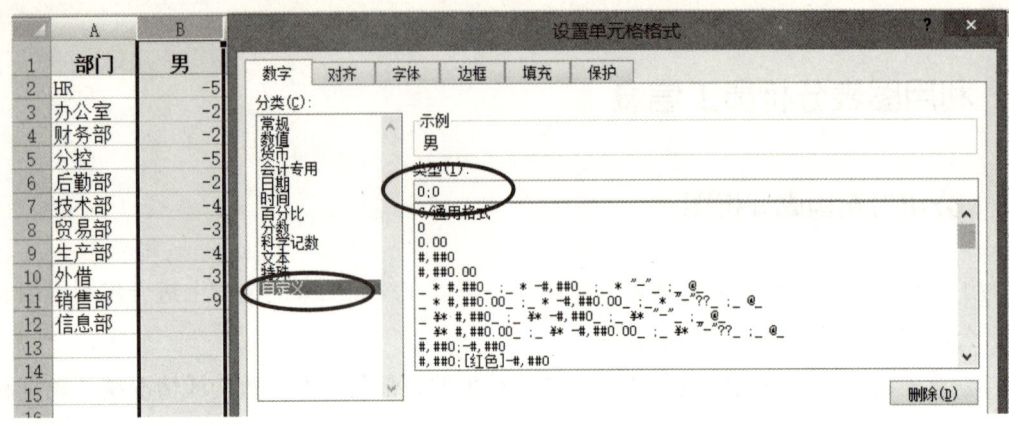

图 3-28　设置 B 列单元格格式

（2）选择数据区域 A1:D12，在"插入"标签中的"插入图表"工具中选择"条形图"中的"堆积条形图"，见图 3-29。

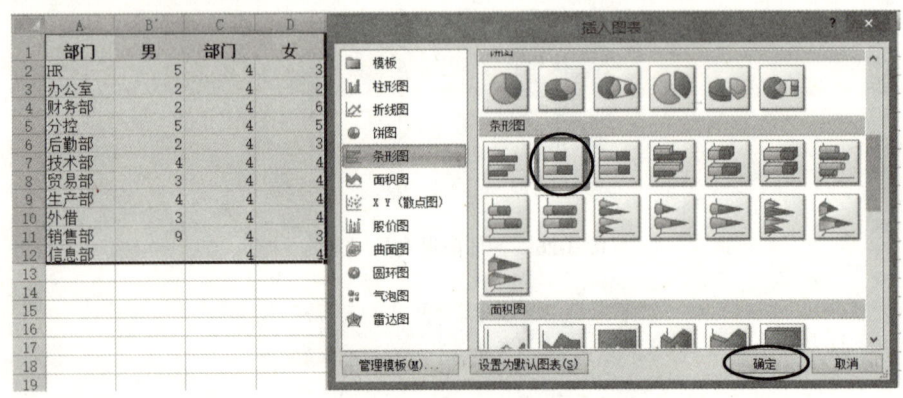

图 3-29　插入堆积条形图

单击"确定"后就可得到各部门男女员工人数堆积条形图，见图 3-30。

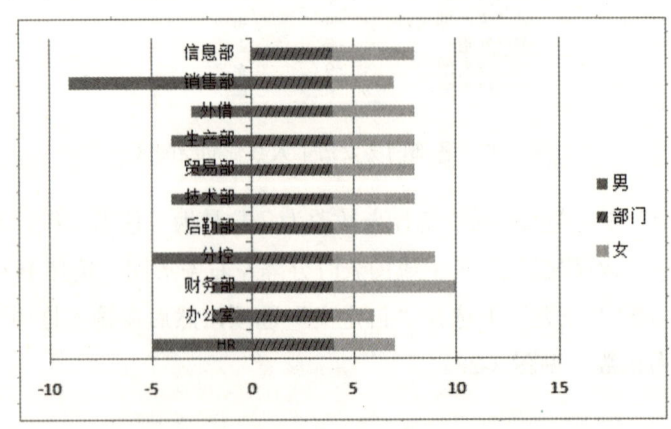

图 3-30　各部门男女员工人数堆积条形图

（3）对堆积条形图的坐标轴进行设置，取消纵坐标轴和纵网格线，保留横坐标轴，见图3-31。

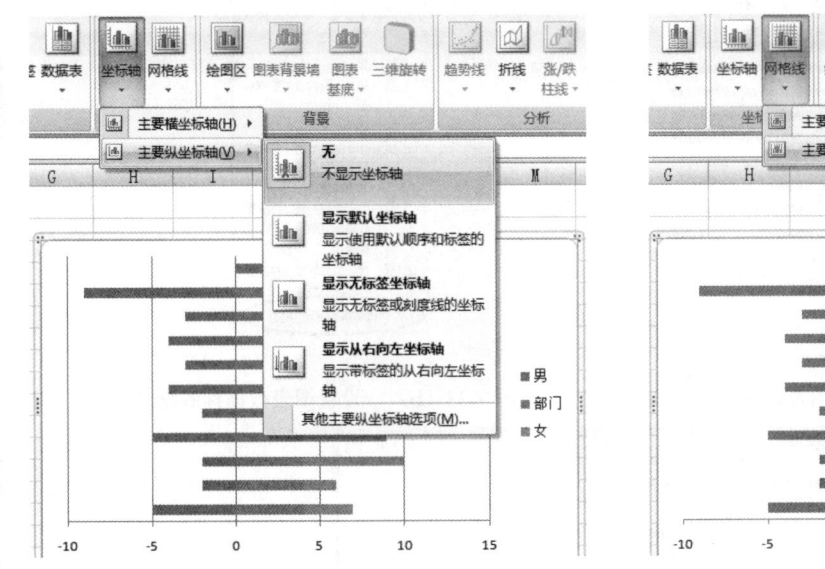
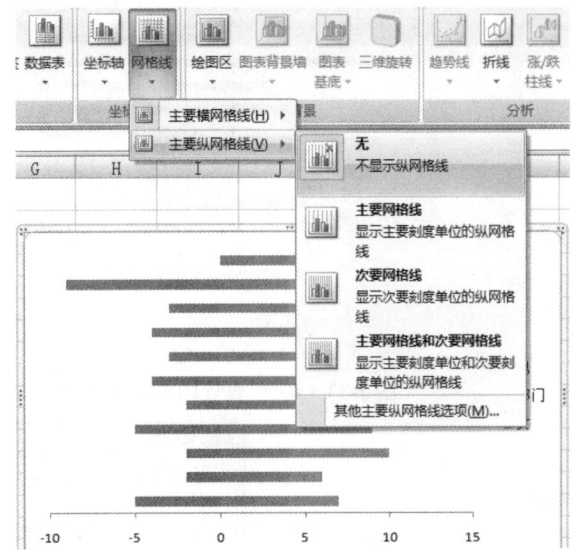

图 3-31（a）　设置堆积条形图的坐标轴　　　　　图 3-31（b）　取消堆积条形图的网格线

（4）将图表标题设置为"公司男女构成分析图"，将图例放在图形上部，并设置"数据标签"，见图3-32。

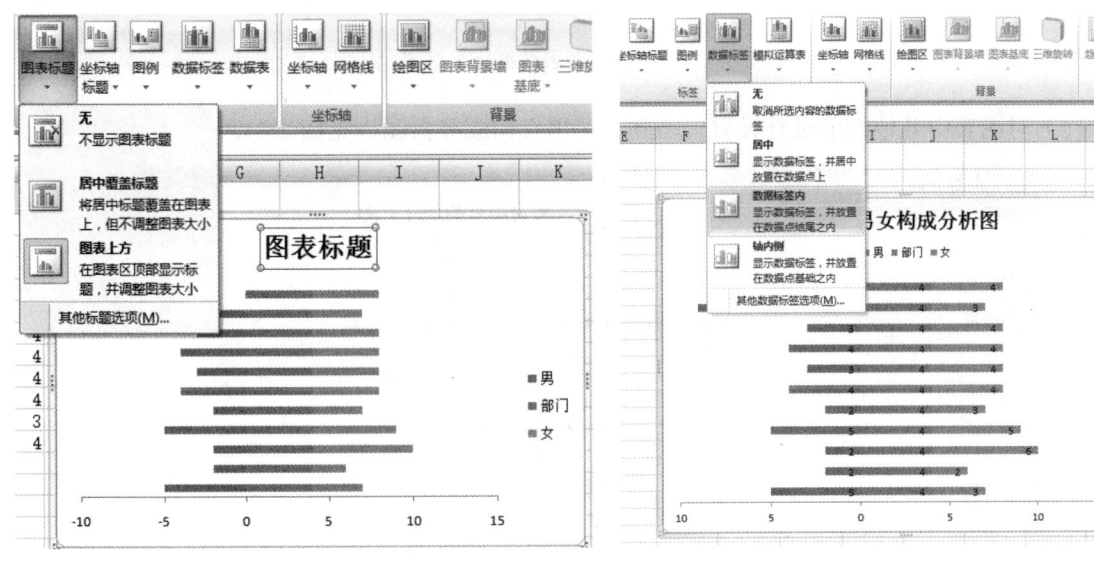

图 3-32（a）　设置堆积条形图标题　　　　　图 3-32（b）　设置堆积条形图数据标签

（5）选择图表中"部门"数据标签，设置数据标签格式，在"其他数据标签选项"中将标签选项中的"标签包括"设置为"类别名称"，"标签位置"改为"居中"，见图3-33。

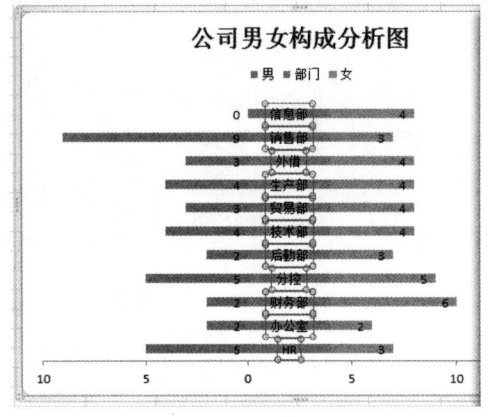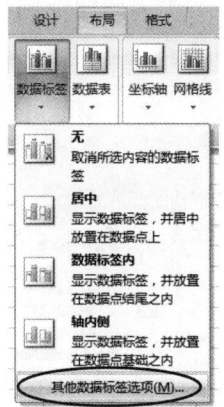

图 3-33（a）　设置图表数据标签格式　　　　图 3-33（b）　设置图表数据标签格式

图 3-33（c）　设置图表数据标签格式

（6）对图表中其他细节进行设置，得到公司男女构成分析图，见图 3-34。

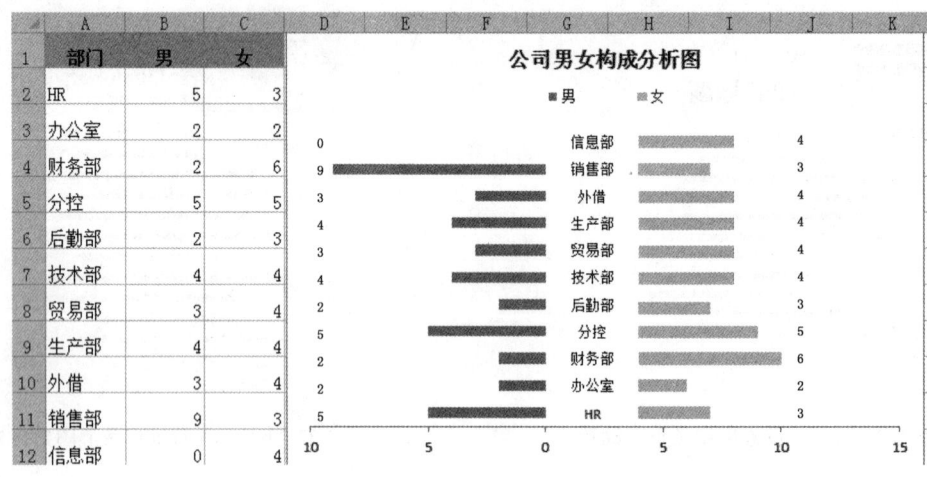

图 3-34　公司男女构成分析图

3.4.2 公司男女年龄构成分析图

此外，还可将"员工清单"数据表中的年龄等统计信息绘制成条形图，如图 3-35 所示。也可绘制成饼形图，并对饼形图和条形图的说明效果进行比较，这部分内容可自行完成。

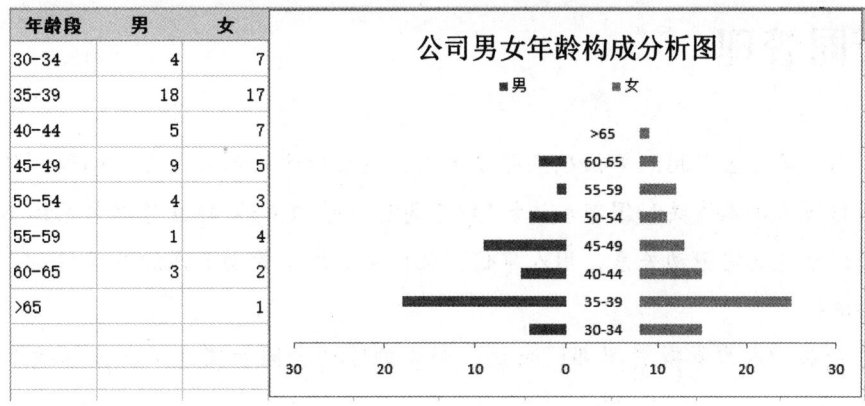

年龄段	男	女
30-34	4	7
35-39	18	17
40-44	5	7
45-49	9	5
50-54	4	3
55-59	1	4
60-65	3	2
>65		1

图 3-35 公司男女年龄构成分析图

第4章

劳动合同管理

劳动合同是劳动者与用人单位确立劳动关系，明确双方权利和义务的协议，是劳动者与用人单位依据《中华人民共和国劳动法》（以下简称《劳动法》）建立劳动关系的书面法律凭证。劳动合同也是稳定劳动关系、用人单位强化劳动管理、劳动者保障自身权益、双方处理争议的重要依据。

对一个企业的人力资源管理部门来说，科学的劳动合同管理是提高工作效率的重要途径。

本章的学习内容：

（1）试用期合同管理；

（2）正式劳动合同管理；

（3）设置合同到期日；

（4）设置合同到期日提前提醒。

本章需要运用的命令和工具：

计算提取日期的各种函数和命令，利用条件格式设置合同到期日提醒。

4.1 试用期合同管理

《劳动法》对于试用期用工问题做出了明确的规定，因此，企业人力资源管理部门一定要特别注意关于试用期时间的相关规定。在管理试用期员工合同时，可以利用 Excel 的函数和工具，自动计算新聘用员工试用期到期日，并在试用期到期日之前进行动态提醒，从而提高工作效率。

4.1.1 计算试用期到期日

在试用期合同签订日期的基础上，根据公司规定的试用期限，利用函数可以快速、准确地计算试用期到期日。计算到期日可以使用 EDATE 函数，也可以联合使用 DATE 函数、YEAR 函数、MONTH 函数和 DAY 函数，具体步骤如下。

（1）新建工作簿，将工作表命名为试用期合同管理表。

（2）在第一行输入数据项"姓名""合同签订日期""试用期（月）""试用期到期日"等，也可以根据企业的实际情况继续输入"部门""职位"等相关信息，见图4-1。

	A	B	C	D
1	姓名	合同签订日期	试用期(月)	试用期到期日
2	AAAA1	2013/7/22	5	2013/12/21
3	AAAA2	2013/7/22	5	2013/12/21
4	AAAA3	2013/7/22	5	2013/12/21
5	AAAA4	2013/10/22	5	2014/3/21
6	AAAA5	2013/11/1	5	2014/3/31
7	AAAA6	2013/11/1	5	2014/3/31
8	AAAA7	2013/11/1	5	2014/3/31
9	AAAA8	2013/11/1	5	2014/3/31
10	AAAA9	2013/11/20	5	2014/4/19
11	AAAA10	2013/11/20	5	2014/4/19
12	AAAA11	2013/11/20	5	2014/4/19

图4-1　试用期合同管理表

（3）输入员工姓名，本例中简化了员工姓名。

（4）将 B 列单元格格式设置为日期，并可直接输入签订合同的日期；C 列试用期以月为单位，可直接输入数据。

（5）在 D2 单元格输入下列公式：

=EDATE(B2,C2)–1

或：

=DATE(YEAR(B2),MONTH(B2)+C2,DAY(B2)–1)

可利用填充柄将 D2 单元格中的公式向下复制，即可方便地获得试用期到期日数据。

> 函数说明：
>
> EDATE 函数：计算出所指定月数之前或之后的日期。
>
> DATE 函数：返回代表特定日期的序列号。

4.1.2　试用期到期日提前提醒

当计算出新员工的试用期到期日后，还需要在表格中设置试用期到期日提醒，以保证在新员工试用期到期时，及时进行试用期到期处理。试用期到期日提醒可以联合使用筛选和条件格式来设计。

将图4-1 中的表格进行修改，设计成图4-2 中所示的表格样式。

	A	B	C	D	E
1	今天是：	2013年12月9日 星期一			
2	姓名	合同签订日期	试用期(月)	试用期到期日	距到期日剩余天数
3	AAAA1	2013/7/22	5	2013/12/21	12
4	AAAA2	2013/7/22	5	2013/12/21	12
5	AAAA3	2013/7/22	5	2013/12/21	12
6	AAAA4	2013/10/22	5	2014/3/21	102
7	AAAA5	2013/11/1	5	2014/3/31	112
8	AAAA6	2013/11/1	5	2014/3/31	112
9	AAAA7	2013/11/1	5	2014/3/31	112
10	AAAA8	2013/11/1	5	2014/3/31	112
11	AAAA9	2013/11/20	5	2014/4/19	131
12	AAAA10	2013/11/20	5	2014/4/19	131
13	AAAA11	2013/11/20	5	2014/4/19	131

图 4-2　试用期到期日提前提醒

完成上述表格的具体步骤如下。

（1）在试用期合同管理表中的第一行上方插入一空行。将鼠标放在第一行任一位置，单击右键，在下拉菜单中单击"插入"按钮；在弹出的"插入"对话框中选择"整行"，单击"确定"按钮即可，见图 4-3。

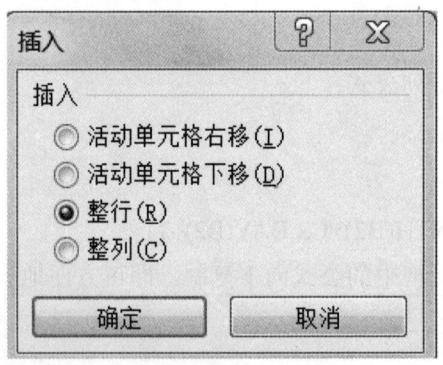

图 4-3　插入行

（2）在单元格 A1 中输入"今天是："，在单元格 B1 中输入公式：=TODAY()，得到当天的日期；然后将 B1 单元格设为自定义格式，格式类型设置为：yyyy"年"m"月"d"日"aaaa，见图 4-4。

（3）在单元格 E2 中输入项目标题"距到期日剩余天数"，将单元格格式设置为常规，并在单元格 E3 中输入公式：

=D3-TODAY()

拖动填充柄向下复制公式，即可计算出每个新聘用员工的试用期到期剩余天数。

（4）设置到期日提醒。

方法 1：在"开始"选项卡中单击"排序和筛选"按钮，在下拉菜单中选择"筛选"，就可以根据距到期日剩余天数筛选出即将到期的新员工数据。例如，筛选出 15 天内即将到期的试用期人员数据，见图 4-5。

图 4-4　设置日期格式

	A	B	C	D	E
1	今天是：	2013年12月9日　星期一			
2	姓名	合同签订日期	试用期(月	试用期到期日	距到期日剩余天数
3	AAAA1	2013/7/22	5	2013/12/21	12
4	AAAA2	2013/7/22	5	2013/12/21	12
5	AAAA3	2013/7/22	5	2013/12/21	12

图 4-5　筛选出到提醒日的员工

方法 2：利用条件格式醒目标识那些即将到期的数据。选择从第三行开始的数据区域，在"开始"选项卡中单击"条件格式"按钮，在下拉菜单中选择"新建规则"；在弹出的"新建格式规则"对话框中选择"使用公式确定要设置格式的单元格"，并设置条件格式"=$E3<15"，最后单击"格式"按钮并选择相应的颜色，见图 4-6。

上述设置完成后，表格中试用期合同剩余天数小于 15 天的员工会以醒目的黄色被标识出来。也可根据实际需要设置其他提前提醒天数，以便于试用期合同的管理。

图 4-6　设置到期日提醒

4.2　正式劳动合同管理

对正式劳动合同的管理很重要的一项工作是计算合同到期日，并做到合同到期日的提前提醒；同时，为了满足企业不同需求，可以根据企业实际情况设计符合企业特点的合同管理表格。

4.2.1　设计合同管理表格

图 4-7 中所示表格结构，将日期拆分为年、月、日三列数据，这样更便于筛选某年某月某日签订合同或者合同到期的员工，也便于设计合同提醒功能。

	A	B	C	D	E	F	G	H	I	J	K	L
1	今天是：		2013年12月10日　星期二									
2	姓名	性别	部门	合同生效日期				合同期限（年）	合同期满日期			
3				日期	年	月	日		日期	年	月	日
4	AAAA	男	办公室	2012/01/18	2012	1	18	2	2014/01/17	2014	1	17
5	BBBB	男	办公室	2011/12/26	2011	12	26	2	2013/12/25	2013	12	25
6	CCCC	女	销售部	2012/10/30	2012	10	30	2	2014/10/29	2014	10	29
7	DDDD	男	销售部	2012/06/15	2012	6	15	2	2014/06/14	2014	6	14
8	EEEE	女	销售部	2012/10/28	2012	10	28	2	2014/10/27	2014	10	27
9	FFFF	女	HR	2012/03/27	2012	3	27	2	2014/03/26	2014	3	26

图 4-7　合同管理表格

（1）利用 4.1.2 节中的方法在 B1 单元格设置当天日期。

（2）利用"开始"选项卡中的"合并后居中"按钮，完成标题栏的制作。

（3）将 D 列单元格格式设置为日期格式，输入签订合同的日期；H 列输入合同期限，单位为年。

（4）在下述单元格分别输入公式，利用公式获取合同生效的年、月、日和合同期满的年、月、日等具体日期。

单元格 E4：=YEAR(D4)

单元格 F4：=MONTH(D4)

单元格 G4：=DAY(D4)

单元格 J4：=E4+H4

单元格 K4：=F4

单元格 L4：=G4-1

单元格 I4：=DATE(J4,K4,L4)

可以利用单元格右下角的填充柄将公式向下复制。

在不同企业的合同管理中，还可以有其他数据，如合同类型（合同制、劳务制、聘用制等）、合同状态（新签、续签）等，以便对合同信息进行各种统计处理。对于企业的这些个性化需求，可以自行设计表格结构，对栏目内容进行增减，以满足企业在劳动合同管理中的需要。

4.2.2 计算合同到期日

计算合同到期日的方法同上，可自行完成。注意 EDATE 函数中的参数是月数，本例中的合同年限是年，计算到期日期时需要把合同期限乘以 12，得到合同总月数，见图 4-8。

	A	B	C	D	E	F
1	姓名	性别	部门	合同签订日期	合同期限(年)	合同期满日期
2	AAAA	男	办公室	2010/11/18	2	2012/11/17
3	BBBB	男	办公室	2011/12/26	2	2013/12/25
4	CCCC	女	销售部	2011/03/28	2	2013/03/27
5	DDDD	男	销售部	2012/02/15	2	2014/02/14
6	EEEE	女	销售部	2012/03/23	2	2014/03/22

图 4-8 合同到期日表格

4.2.3 合同到期日提前提醒

正式劳动合同的年限一般以年为单位，时间相对较长，所以更需要设置到期日提前提醒，以防止错过合同期限。下面结合两种典型的合同管理表格，来分别说明合同提醒功能的设计方法。

（1）第一种合同管理表格，见图 4-9。

	A	B	C	D	E	F	G	H	I	J	K	L	M
1	今天是：		2013年12月10日 星期二										
2	姓名	性别	部门	合同生效日期				合同期限(年)	合同期满日期				合同期满剩余天数
3				日期	年	月	日		日期	年	月	日	
4	AAAA	男	办公室	2012/01/18	2012	1	18	2	2014/01/17	2014	1	17	38
5	BBBB	男	办公室	2011/12/26	2011	12	26	2	2013/12/25	2013	12	25	15
6	CCCC	女	销售部	2012/10/30	2012	10	30	2	2014/10/29	2014	10	29	323
7	DDDD	男	销售部	2012/06/15	2012	6	15	2	2014/06/14	2014	6	14	186
8	EEEE	女	销售部	2012/10/28	2012	10	28	2	2014/10/27	2014	10	27	321
9	FFFF	女	HR	2012/03/27	2012	3	27	2	2014/03/26	2014	3	26	106

图 4-9   具有提醒功能的合同管理表格 1

这种表格的关键是增加 M 列，计算合同期满剩余天数。可以把剩余天数作为到期日提醒的参照条件来设定。

在单元格 M4 中输入公式：=I4–TODAY()，并向下复制公式。

另外，把日期拆分成年、月、日也便于筛选具体日期。可利用 4.1.2 中两种到期提醒的设置方法来完成（自动筛选和设置条件格式筛选），假定提前 30 天提醒。

（2）第二种合同管理表格，见图 4-10。

	A	B	C	D	E	F	G	H	I
1	今天是：		2013年12月10日 星期二						
2	序号	姓名	身份证号	性别	合同生效日期	合同终止日期	续签生效日期	续签终止日期	剩余天数
3	1	AAAA1	******************	女	2007/12/30	2011/12/29	2011/12/30	2013/12/29	19
4	2	AAAA2	******************	女	2007/12/30	2011/12/29	2011/12/30	2013/12/29	19
5	3	AAAA3	******************	女	2008/11/1	2012/10/31	2012/11/1	2014/10/31	325
6	4	AAAA4	******************	女	2008/12/1	2012/11/30	2012/12/1	2014/11/30	355
7	5	AAAA5	******************	男	2009/12/1	2013/11/30	2013/12/1	2015/11/30	720
8	6	AAAA6	******************	男	2009/9/1	2013/8/31	2013/9/1	2015/8/31	629
9	7	AAAA7	******************	男	2009/9/1	2013/8/31	2013/9/1	2015/8/31	629
10	8	AAAA12	******************	男	2011/7/1	2015/6/30			567
11	9	AAAA13	******************	男	2011/4/1	2015/3/31			476
12	10	AAAA14	******************	男	2011/4/1	2015/3/31			476
13	11	AAAA15	******************	女	2010/11/1	2014/10/31			325
14	12	AAAA16	******************	女	2010/11/1	2014/10/31			325
15	13	AAAA17	******************	男	2011/5/1	2015/4/30			506
16	14	AAAA18	******************	女	2011/5/1	2015/4/30			506
17	15	AAAA19	******************	男	2011/8/1	2015/7/31			598
18	16	AAAA20	******************	男	2011/8/1	2015/7/31			598

图 4-10   具有提醒功能的合同管理表格 2

图 4-10 所示是另一种形式的合同管理表格，在这个表格中，合同种类比较复杂：有新签合同还未到期的，有续签合同的，同样可以计算到期日，可以设置到期提醒。在单元格中输入以下公式（注意，合同终止日期应该与实际表格制作时的日期接近）。

单元格 F3：=EDATE(E3,4*12)–1

单元格 G3：=F3+1

单元格 H3：=EDATE(G3,2*12)–1

单元格 I3：=IF($H3<>"",$H3–TODAY(),$F3–TODAY())

条件格式设置方法同上，假定提前 30 天提醒合同到期。

第5章

考勤、休假和加班管理

考勤、休假和加班管理是人力资源管理中一件非常重要也非常烦琐的工作，考勤结果和休假管理是衡量员工工作态度、核定员工基本工资的一项重要指标。作为企业的人力资源管理部门，如何高效、准确地完成考勤、休假和加班的统计和管理工作，降低错误率，是人力资源管理中一项非常重要的内容。我们可以利用 Excel 的强大功能设计好考勤表格，这样就可以高效、快捷地解决每天记录、汇总考勤结果的问题。

本章的学习内容：

（1）制作月考勤表模板，在此基础上完成各月考勤表；

（2）利用数据透视表来完成考勤汇总和统计工作；

（3）完成请假统计与分析表；

（4）计算加班时间；

（5）完成休假表格管理。

本章需要运用的命令和工具：

制作考勤表模板，利用函数计算员工各项考勤数据，利用数据透视表对员工考勤数据进行统计分析，创建跨工作表引用数据区域的数据透视表，使用条件格式、宏和 VBA 程序制作考勤数据动态管理表格。

5.1 考勤管理

在本节中，需要完成的是月考勤表模板制作，在完成模板的基础上按月完成考勤数据的录入并最终利用数据透视表来进行考勤统计分析。考勤管理包括员工的日常考勤记录以及这些数据的统计计算和分析。

5.1.1 设计和制作月考勤表模板

通常意义上来说，完整的月度考勤表是指从每个月第一天到最后一天结束的考勤表，这种表格的设计并不复杂，但要根据企业的实际情况进行设计，因此每个企业的日常考勤表都是不一样的。很多企业的月度考勤是从每个月的 26 日到下个月的 25 日，本节即以此为例，来说明此类考勤模板的设计和制作方法。

月度考勤表模板是一张完整的工作表，见图 5-1 至图 5-3，内容分为三个部分：月考勤表（A 列：AH 列），见图 5-1；考勤统计（AI 列：AU 列），见图 5-2；数据区域（AV 列：AX 列），见图 5-3。注意，这三部分内容均在同一张工作表上，其中图 5-1 中的考勤数据需要手工录入，图 5-2 部分的考勤统计可利用公式完成，图 5-3 部分的数据区域直接复制或引用 A、B、C 三列数据内容即可。

图 5-1　月考勤表

图 5-2　考勤统计

双休日加班	公出	调休	工号	姓名	部门
0			001	aaa1	办公室
0			002	aaa2	办公室
0			003	aaa3	办公室
0			004	aaa4	办公室
0			005	aaa5	HR
0			006	aaa6	HR
0			007	aaa7	HR
0			008	aaa8	HR
0			009	aaa9	财务部
0			010	aaa10	财务部
0			011	aaa11	财务部
0			012	aaa12	财务部
0			013	aaa13	财务部
0			014	aaa14	财务部
0			015	aaa15	财务部
0			016	aaa16	设备部
0			017	aaa17	设备部
0			018	aaa18	设备部
0			019	aaa19	设备部
0			020	aaa20	设备部

图 5-3　数据区域

以下是月考勤表模板的设计步骤。

（1）打开工作簿，新建一张工作表，命名为"考勤表（模板）"。

（2）完成标题栏信息的输入。在 A1 单元格输入文字"考勤月份"；合并单元格区域 B1:C1，并输入某月任一天的日期，比如"2016-3-20"，将单元格格式设置为日期，选择"2001 年 3 月"类型。

（3）合并单元格区域 D1:AH1，输入公式：

=TEXT(B1,"YYYY 年 M 月")&"—"&TEXT(DATE(YEAR(B1),MONTH(B1)+1,1),"YYYY 年 m 月")&"考勤表"

显示结果为"＊年＊月–＊年＊月考勤表"，设置合适的字体和字号。

注意，当以整月作为考勤日期时，应该输入公式：

=TEXT(B1,"yyyy 年 m 月")&"考勤表"

则显示为"＊年＊月考勤表"

（4）分别合并单元格 A2:A3，B2:B3，C2:C3，输入标题文字"工号""姓名""部门"。

（5）在 D2 输入公式：

=DATE(YEAR(B1),MONTH(B1),26)

即将输入的某月的 26 日为考勤的第一天；如果是将某月的 1 日作为考勤的起始日，则将公式改为：

=DATE(YEAR(B1),MONTH(B1),1)

（6）在单元格 E2 输入公式：

=D2+1

并将单元格 E2 向右复制到单元格 AH2，这样就输入了某月各天的日期，即从考勤统计日的第一天到最后一天。

（7）选择单元格区域 D2：AH2，将其单元格格式设置为"自定义"，在"类型"框中输入"d"，表示第二行的数字显示为"日"数字。

（8）在单元格 D3 输入公式"=D2"，向右填充复制到单元格 AH3，并将 D3：AH3 单元格区域的格式设置为"自定义"，"类型"为"aaa"，即把第三行日期显示为中文的简写"星期"文字。

（9）选择 D 列至 AH 列，在"开始"选项卡中单击"合并后居中"，调整合适的列宽，并设置适当的字体和字号，列示考勤表标题。

（10）对 D 列至 AH 列第三行以下的数据区域设置条件格式，将星期六和星期日所在的单元格设置为不同的填充颜色和字体；如果某月月底日期不是 31 日，就把单元格数字设置为白色，具体步骤如下。

① 选择数据区域 D3：AH23，按照前面章节中设置条件格式的方法，为所选数据区域设置条件格式，条件 1：=D$2>DATE(YEAR($D$2),MONTH($D$2)+1,25)，即如果第二行单元格日期超过 25 日，则把字体设置为白色。

② 按前述方法设置条件 2：=OR(WEEKDAY(D$2,2)=6,WEEKDAY(D$2,2)=7)，即如果单元格日期是星期六或者星期日，则将格式设置为填充色浅蓝色，加粗字体，字体为红色。

（11）将 A、B、C 三列数据冻结，便于查看、编辑后面表格的内容。方法为：选中 A、B、C 三列数据，在"视图"选项卡中单击"冻结窗格"按钮，在弹出的下拉菜单中选择"冻结拆分窗格"即可。

（12）至此，月考勤表的基本框架部分就设计好了，然后再调整好格式，输入相应的考勤信息。

在这张表中，需要根据实际情况手工输入每个员工的请假和加班数据，用"请 4"表示请假 4 个小时，"加 3"表示加班 3 个小时，并可相应地用"事 3""病 2"等记录相关考勤、加班及休假基本信息。

函数说明：

TEXT 函数：将数值转化为自己想要的文本格式。

5.1.2 在考勤表模板中制作完整的日常考勤的月统计表

在每月的日常考勤表基础数据的基础上，就可以设计出每个月的考勤统计表，计算每个月员工的各项出勤统计结果，见图 5-2。注意，如前所述，图 5-1、图 5-2、图 5-3 是同一张工作表，但分为这三个部分。统计表和考勤表在同一个工作表中，更方便查看和统计。在这张表中，AI 列是手工输入的该月的实际应出勤天数，AJ 列是计算出的某员工实际出勤天数，AK:AU 列是各项考勤情况的数据统计结果。以下是考勤统计表的完成步骤。

（1）选择 AI1:AU2 单元格，合并后居中输入标题"考勤统计（小时）"。

（2）在 AI3:AU3 单元格分别输入"工作日天数""实际出勤天数""事假""病假"等相关考勤类型信息。

（3）在 AI 列手工输入本月应出勤天数，即除去法定节假日和公休日后的应出勤天数。

（4）在 AJ4 单元格输入公式：

=AI4−SUM(AK4:AU4)/8

计算员工实际出勤天数，可拖动填充柄向下复制该公式。

（5）在 AK4 单元格输入数组公式：

=SUMPRODUCT(1*(LEFT($D4:$AH4,1)=LEFT(AK$3,1)),IF(LEN(MID($D4:$AH4,2,99))=0,0,1*MID($D4:$AH4,2,99)))

然后向右复制到 AQ，分别计算每个员工的事假、病假、婚假、丧假、探亲假、产假、年假的总小时数。

（6）将上面的数组公式复制到单元格 AT4 和 AU4，计算出员工的公出、调休总小时数。

（7）在 AR4 单元格输入数组公式，计算每个员工的工作日加班小时数：

=SUMPRODUCT(1*(LEFT($D4:$AH4,1)=""),1*(WEEKDAY(D$2:AH$2,2)>=1)*(WEEKDAY(D$2:AH$2,2)<=5),IF(LEN(MID($D4:$AH4,2,99))=0,0,1*MID($D4:$AH4,2,99)))

（8）在单元格 AS4 输入数组公式，计算每个员工的双休日加班小时数：

=SUMPRODUCT(1*(LEFT($D4:$AH4,1)=""),1*((WEEKDAY(D$2:AH$2,2)=6)+(WEEKDAY(D$2:AH$2,2)=7)),IF(LEN(MID($D4:$AH4,2,99))=0,0,1*MID($D4:$AH4,2,99)))

注意：数组公式运行命令为组合键【Ctrl+Shift+Enter】。

注意：在这张统计表中，需要先获取 AK:AU 的列数据，然后才能得出 AJ 列的数据。而所有这些数据的取得，都是以前述考勤表基础数据的录入为前提的。

函数说明：

LEFT 函数：从一个文本字符串的第一个字符开始返回指定个数的字符。

WEEKDAY 函数：返回代表一周中第几天的数值，是一个从 1 到 7（或 0 到 6）之间的整数。

LEN 函数：返回文本串的字符数。

MID 函数：从一个字符串中截取指定数量的字符。

5.1.3　设计辅助区域，便于考勤表汇总分析

为了进行多维度的统计分析，如分析每个人、每个部门的事假、病假等全年共有多少天，全公司、某个部门全年全勤的人有多少个，等等，最好使用数据透视表。

进行统计分析需要用到 AI 列至 AU 列的月出勤统计汇总数据区域，但这个数据区域和员工工号、姓名、部门的数据区域（A 列、B 列、C 三列）是分隔开的，为了用数据透视表进行统计分析，可以将员工工号、姓名、部门数据区域引用到"考勤统计"右侧，见图 5-4（根据前面章节所学习的方法自行完成）。

AS	AT	AU	AV	AW	AX
双休日加班	公出	调休	工号	姓名	部门
			001	aaa1	办公室
15			002	aaa2	办公室
			003	aaa3	办公室
			004	aaa4	办公室
			005	aaa5	HR
2			006	aaa6	HR

图 5-4　数据区域引用

5.1.4　复制工作表，得到全年 12 个月的日常考勤表和月汇总表

完成考勤表模板后，就可以很方便地统计出各月的考勤信息。完成全年 12 个月的考勤信息的统计方法如下。

（1）复制工作表"考勤表（模板）"，单击该工作表标签，按住 Ctrl 键不放，拖动工作表标签就可快速复制工作表。

（2）将该工作表复制 12 份，并分别命名为"01 月""02 月"……"12 月"。

（3）按月将考勤数据填入"月考勤表"中，并获取各月的考勤统计表。

5.1.5　制作考勤汇总统计报表

当我们得到全年 12 个月的考勤数据后，就可以利用数据透视表对考勤数据做各种统计分析，可以很方便地得到全年 12 个月的考勤数据并进行统计汇总。但此类数据透视表与前面章

节所述的有所不同，主要是由于引用了跨工作表数据，因此需要我们掌握跨工作表数据区域的引用方法。统计全年 12 个月的数据透视表完成步骤如下。

（1）在"12 月"工作表之后建立新工作表"汇总表"。

（2）为所有需要被引用的数据定义名称，以便汇总计算；引用位置是上述考勤统计表中的数据区域（假定数据区域只有 20 人，实际可扩展行数），见表 5-1。

表 5-1　各月考勤表定义名称

名　　称	引　用　位　置
Mon01	='01 月'!$AI$3:$AX$23
Mon02	='02 月'!$AI$3:$AX$23
Mon03	='03 月'!$AI$3:$AX$23
Mon04	='04 月'!$AI$3:$AX$23
Mon05	='05 月'!$AI$3:$AX$23
Mon06	='06 月'!$AI$3:$AX$23
Mon07	='07 月'!$AI$3:$AX$23
Mon08	='08 月'!$AI$3:$AX$23
Mon09	='09 月'!$AI$3:$AX$23
Mon10	='10 月'!$AI$3:$AX$23
Mon11	='11 月'!$AI$3:$AX$23
Mon12	='12 月'!$AI$3:$AX$23

（3）创建跨工作表引用数据区域的数据透视表，具体操作步骤如下。

① 定义上述数据区域的名称后，在"数据"选项卡中单击"自其他来源"按钮，在弹出的下拉菜单中选择"来自数据连接向导"，见图 5-5。

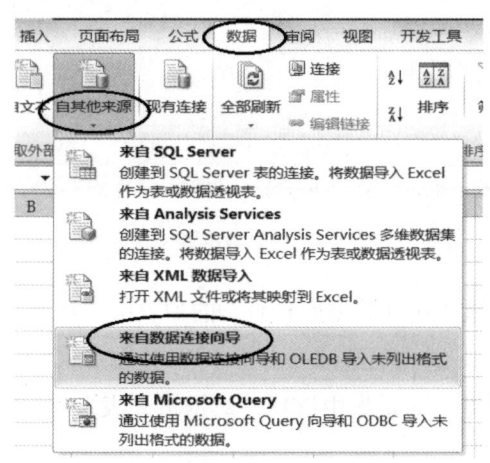

图 5-5　建立数据连接向导

② 在弹出的"数据连接向导"对话框中，选择"ODBC DSN"，然后单击"下一步"，见图 5-6。

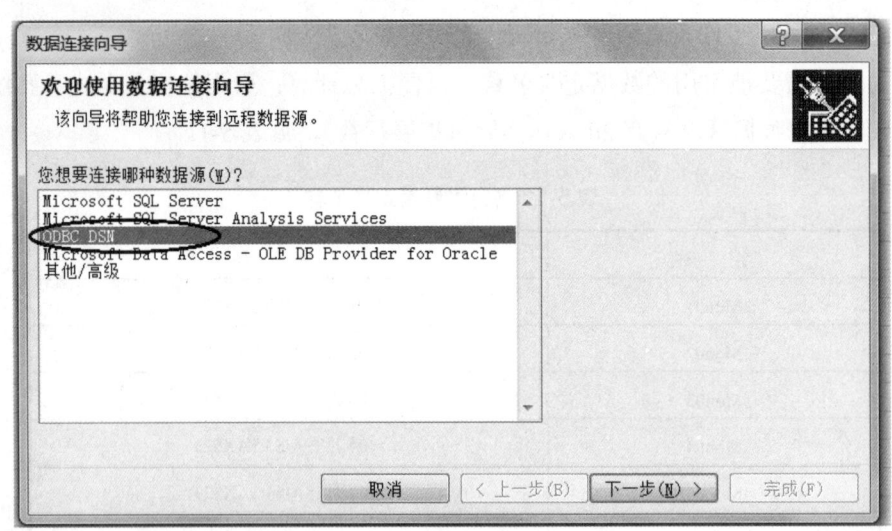

图 5-6　选择数据源类型

③ 在要连接的数据源列表中，选择"Excel Files"，然后单击"下一步"，见图 5-7。

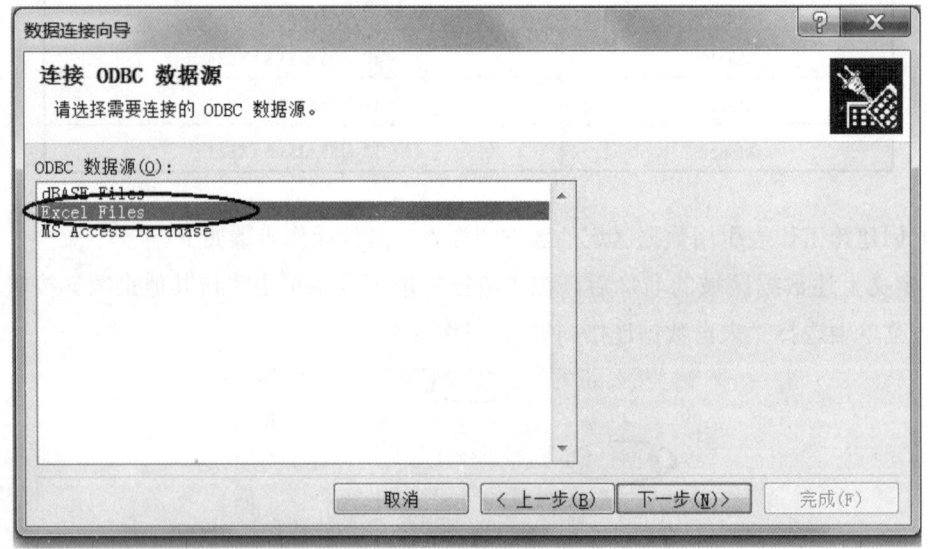

图 5-7　选择数据源文件

④ 在随后弹出的对话框"选择数据库和表"的列表中选择刚才定义过的 Excel 文件，并从表格列表中选择任一表格，选中后继续"下一步"，见图 5-8。

⑤ 在弹出的"导入数据"对话框中选择"数据透视表"，单击左下方的"属性"按钮，见图 5-9。

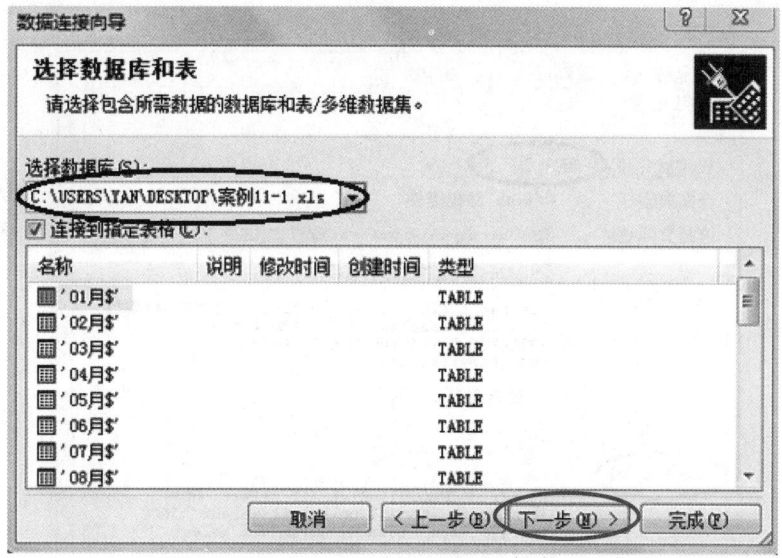

图 5-8　选择定义过的 Excel 文件

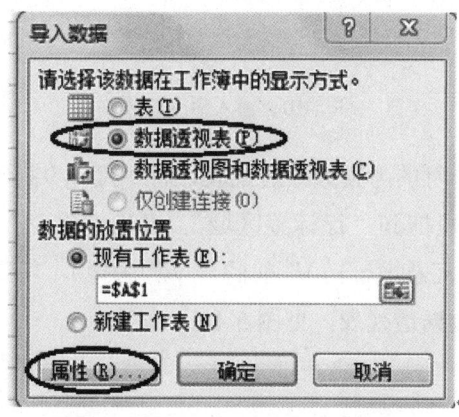

图 5-9　选择导入数据的显示方式

⑥ 在弹出的"连接属性"对话框中，单击"定义"选项，在"命令文本"中输入 SQL 命令文本，然后单击"确定"按钮，见图 5-10。SQL 命令如下：

select '01 月' as 月份,*from [Mon01] union all select '02 月' as 月份,*from [Mon02] union all select '03 月' as 月份,*from [Mon03] union all select '04 月' as 月份,*from [Mon04] union all select '05 月' as 月份,*from [Mon05] union all select '06 月' as 月份,*from [Mon06] union all select '07 月' as 月份,*from [Mon07] union all select '08 月' as 月份,*from [Mon08] union all select '09 月' as 月份,*from [Mon09] union all select '10 月' as 月份,*from [Mon10] union all select '11 月' as 月份,*from [Mon11] union all select '12 月' as 月份,*from [Mon12]

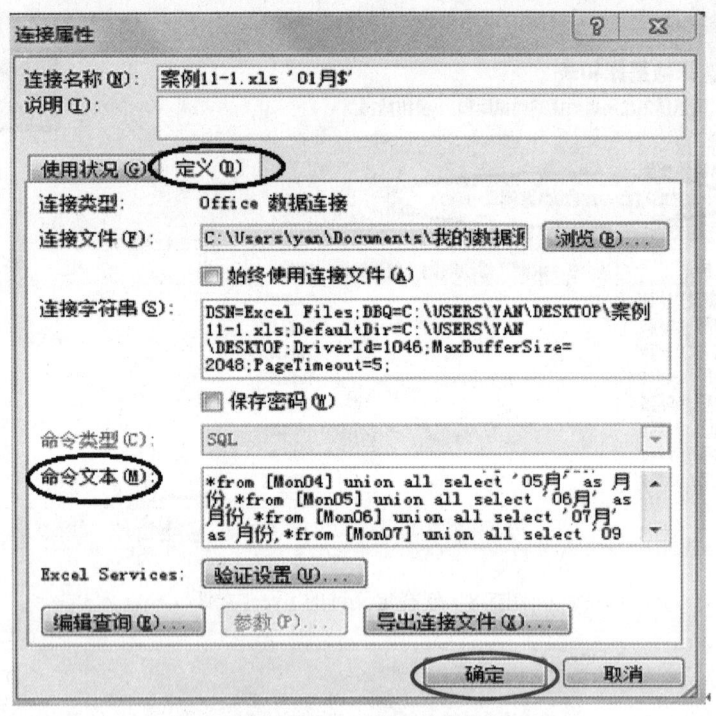

图 5-10　输入命令文本

（4）由此得到全年 12 个月的考勤数据透视表，将"月份"拖动到"报表筛选"区域，将"部门""工号""姓名"字段拖到"行标签区域"，并取消这三个字段的分类汇总（单击右键，在下拉菜单中将"分类汇总（部门）"前的"√"去掉）；将事假、病假、加班等数据拖到"数值区域"，由此得到数据透视表，见图 5-11。

			数据										
部门	工号	姓名	事假	病假	婚假	丧假	探亲假	产假	年假	工作日加班	双休日加班	公出	调休
⊟HR	⊟005	aaa5											
	⊟006	aaa6	36							16	8		
	⊟007	aaa7											
	⊟008	aaa8							24				
⊟办公室	⊟001	aaa1		24									
	⊟002	aaa2								227	109		
	⊟003	aaa3		96									
	⊟004	aaa4											
⊟财务部	⊟009	aaa9	36							62	22		
	⊟010	aaa10								27	9		
	⊟011	aaa11								16	8		
	⊟012	aaa12											
	⊟013	aaa13											
	⊟014	aaa14	36						40				
	⊟015	aaa15											
⊟设备部	⊟016	aaa16		48									
	⊟017	aaa17								108	36		
	⊟018	aaa18											
	⊟019	aaa19							40				
	⊟020	aaa20											
总计			108	168					104	456	192		

图 5-11　全年 12 个月的考勤数据透视表

（5）汇总表中会有很多数字"0"，使表格看起来不够美观，可以将零值隐藏，具体步骤如下。

① 单击 Excel 中的"文件"选项卡，在下拉菜单中选择"选项"按钮。

② 在弹出的"Excel 选项"对话框中，单击"高级"选项按钮，取消选中"在具有零值的单元格中显示零"复选框，这样就可以隐藏汇总表中的零值，见图 5-12。

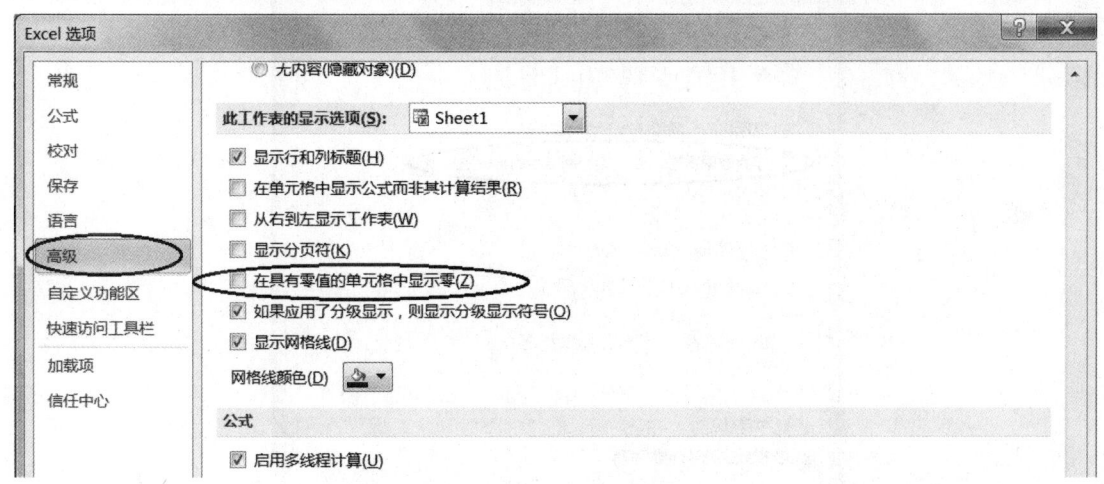

图 5-12　隐藏表格中的零值

（6）默认汇总字段中含有"求和项："，可以采用"查找替换"的方法把这个字符串替换为一个空格，由此批量修改字段名称。然后在汇总表中单击右键，在弹出的对话框中单击"数据透视表选项"，见图 5-13（a）；在"数据透视表选项"中单击"显示"，最后勾选"经典数据透视表布局（启用网格中的字段拖放）"，见图 5-13（b）。

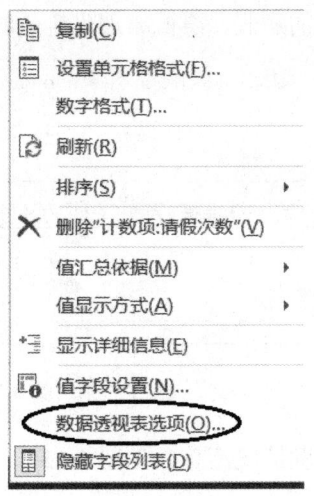

图 5-13（a）　数据透视表选项

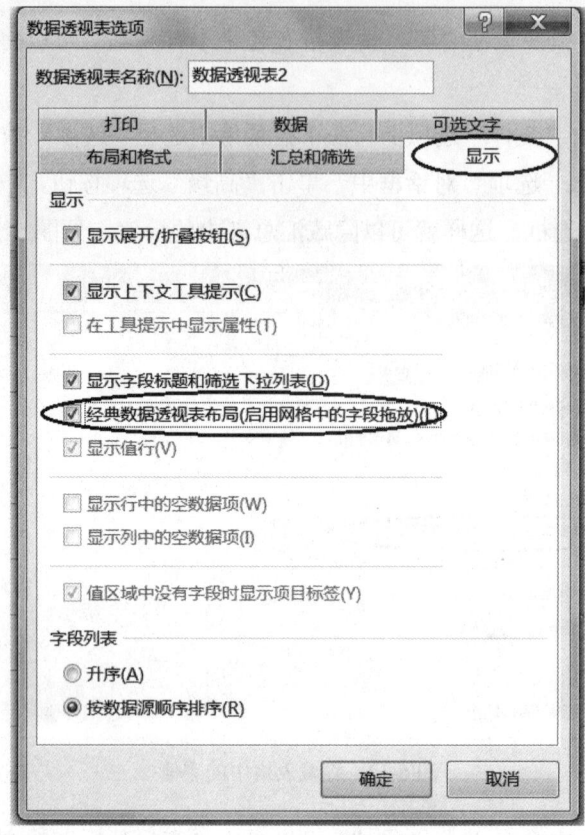

图 5-13（b） 选择经典数据透视表布局

（7）至此，我们可以利用这个汇总表，通过拖拽行标签和报表筛选区域的内容，对部门和员工的考勤进行多角度、更直观的统计分析。

① 比如，查看各个部门全年的病假、事假、加班等的时间总和，见图 5-14。

	A	B	C	D	E	F	G	H	I	J	K	L
1	月份	(全部)										
2	姓名	(全部)										
3	工号	(全部)										
4												
5		数据										
6	部门	事假	病假	婚假	丧假	探亲假	产假	年假	工作日加班	双休日加班	公出	调休
7	HR	36						24	16	8		
8	办公室		120						227	109		
9	财务部	72						40	105	39		
10	设备部		48					40	108	36		
11	总计	108	168					104	456	192		

图 5-14 各部门全年考勤情况汇总

② 比如，查看某个人全年考勤情况汇总，见图 5-15。

	A	B	C	D	E	F	G	H	I	J	K	L
1	部门	财务部 ☑										
2	姓名	aaa10 ☑										
3	工号	(全部) ▼										
4												
5		数据										
6	月份 ▼	事假	病假	婚假	丧假	探亲假	产假	年假	工作日加班	双休日加班	公出	调休
7	01月								3			
8	02月								3			
9	03月								3			
10	04月								3			
11	05月								3			
12	06月									3		
13	07月								3			
14	08月								3			
15	09月									3		
16	10月								3			
17	11月								3			
18	12月									3		
19	总计								27	9		

图 5-15　某个人全年考勤情况汇总

5.2　请假统计与分析

前面介绍了如何设计考勤表，如何根据考勤表并利用数据透视表进行考勤和加班的统计分析，这些都是帮助我们直观、全面地了解各部门和员工考勤的典型方法。但在实际工作中，如果使用了其他类型的考勤记录表，那么要对这些表格进行统计分析，就需要根据实际情况灵活地采用不同方法。下面介绍另一种请假统计的简单方法。

5.2.1　制作完成基础考勤数据

在进行任何考勤统计的过程中，基础考勤数据都是不可缺少的，这部分数据有些企业采用电子考勤，因此可以直接导入，但大部分企业仍然采用手工录入的方式来完成。一般来说，基础考勤数据主要包括工号、姓名、起始日期、截止日期、事假、病假、年假、产假、其他数据项目，见图 5-16。

	A	B	C	D	E	F	G	H	I
1	工号	姓名	起始日期	截止日期	事假	病假	年假	产假	其他
2	40012	杨雨	2009/1/5	2009/1/5			1		
3	40021	张小明	2009/1/4	2009/1/5	2				
4	40021	张小明	2009/1/8	2009/1/8			1		
5	40175	周伟峰	2009/1/8	2009/1/8			1		
6	40168	刘柳	2009/1/12	2009/1/16		5			
7	40193	张梦华	2009/1/14	2009/1/16			3		
8	40016	许忠	2009/1/16	2009/1/16			1		
9	40044	李士林	2009/1/16	2009/1/17	2				

图 5-16　基础考勤数据项目

制作完成基础考勤数据的步骤如下。

（1）打开工作簿，将工作簿命名为"考勤统计"；然后建立一张新的工作表，命名为"1月"。

（2）在工作表第一行按照图 5-16 输入各栏目文字内容。注意，姓名可能有重名重姓现象，但工号是唯一的。

（3）分别输入各栏目内容，其中 A 列、B 列、C 列和 D 列可以直接复制，其他各栏目信息需要手工录入。注意，此种统计方式只统计那些实际请假员工的请假情况和数据，而在上一节中，统计的是全体员工的考勤情况。

（4）以统计上半年的员工请假情况为例，需要做出 6 张包含员工请假基础数据的表格，分别命名为"1月""2月"……"6月"，见图 5-17 至图 5-22。

	A	B	C	D	E	F	G	H	I
1	工号	姓名	起始日期	截止日期	事假	病假	年假	产假	其他
2	40012	杨雨	2009/1/5	2009/1/5			1		
3	40021	张小明	2009/1/4	2009/1/5	2				
4	40021	张小明	2009/1/8	2009/1/8			1		
5	40175	周伟峰	2009/1/8	2009/1/8			1		
6	40168	刘柳	2009/1/12	2009/1/16		5			
7	40193	张梦华	2009/1/14	2009/1/16			3		
8	40016	许忠	2009/1/16	2009/1/16			1		
9	40044	李大林	2009/1/16	2009/1/17	2				
10	40064	田明	2009/1/20	2009/1/20	1				
11	40017	彭连虎	2009/1/20	2009/1/20					2
12	40388	赵晓宇	2009/1/29	2009/1/30	2				

工作表标签：1月　2月　3月　4月　5月　6月　汇总表(函数)　汇总表(数据透视表)

图 5-17　1月考勤数据

	A	B	C	D	E	F	G	H	I
1	工号	姓名	起始日期	截止日期	事假	病假	年假	产假	其他
2	40009	孙学丽	2009/2/2	2009/2/6			5		
3	40012	杨雨	2009/2/2	2009/2/2	1				
4	40016	许忠	2009/2/2	2009/2/3			2		
5	40025	韩明华	2009/2/2	2009/2/4			3		
6	40030	倪忠	2009/2/2	2009/2/2			1		
7	40032	于无声	2009/2/2	2009/2/4			3		
8	40038	欧阳小庐	2009/2/2	2009/2/4			3		
9	40086	黄建伟	2009/2/2	2009/2/3			2		
10	40110	马名起	2009/2/2	2009/2/6		2			
11	40132	张磊	2009/2/2	2009/2/3		2			
12	40147	金大林	2009/2/2	2009/2/6			5		
13	40184	董辰	2009/2/2	2009/2/4			3		
14	40003	唐云	2009/2/3	2009/2/3	1				
15	40030	倪忠	2009/2/3	2009/2/3					2
16	40030	倪忠	2009/2/4	2009/2/6	3				
17	40086	黄建伟	2009/2/4	2009/2/4			1		
18	40140	梅明华	2009/2/4	2009/2/6			2.5		
19	40106	刘玉华	2009/2/5	2009/2/5		2			
20	40064	田明	2009/2/9	2009/2/11			3		
21	40193	张梦华	2009/2/11	2009/2/13	3				
22	40021	张小明	2009/2/13	2009/2/13		3			
23	40193	张梦华	2009/2/14	2009/2/14					1
24	40193	张梦华	2009/2/15	2009/2/15	1				
25	40044	李大林	2009/2/26	2009/2/26		2			

1月 2月 3月 4月 5月 6月 汇总表(函数) 汇总表(数据透视表)

图 5-18　2 月考勤数据

	A	B	C	D	E	F	G	H	I
1	工号	姓名	起始日期	截止日期	事假	病假	年假	产假	其他
2	40133	韦小宝	2009/3/2	2009/3/3		2			
3	40032	于无声	2009/3/4	2009/3/6		3			
4	40133	韦小宝	2009/3/4	2009/3/4			0.5		
5	40147	金大林	2009/3/4	2009/3/4			0.5		
6	40028	韩春华	2009/3/5	2009/3/5			1		
7	40044	李大林	2009/3/5	2009/3/5		1			
8	40193	张梦华	2009/3/5	2009/3/5		1			
9	40025	韩明华	2009/3/9	2009/3/11			2.5		
10	40044	李大林	2009/3/9	2009/3/9		1			
11	40025	韩明华	2009/3/12	2009/3/13	2				
12	40114	陈小敏	2009/3/13	2009/3/16			2		
13	40009	孙学丽	2009/3/16	2009/3/16			0.5		
14	40015	邹立	2009/3/16	2009/3/17		2			
15	40028	韩春华	2009/3/16	2009/3/17	2				
16	40106	刘玉华	2009/3/16	2009/3/16		1			
17	40112	吴绮莉	2009/3/16	2009/3/16			0.5		
18	40112	吴绮莉	2009/3/17	2009/3/18	2				
19	40017	彭连虎	2009/3/18	2009/3/20			3		
20	40048	王金标	2009/3/19	2009/3/27	7				
21	40028	韩春华	2009/3/20	2009/3/20			1		
22	40044	李大林	2009/3/20	2009/3/20	1				
23	40106	刘玉华	2009/3/20	2009/3/20	1				
24	40140	梅明华	2009/3/23	2009/3/23	1				
25	40028	韩春华	2009/3/24	2009/3/25		2			

1月 2月 3月 4月 5月 6月 汇总表(函数) 汇总表(数据透视表)

图 5-19　3 月考勤数据

	A	B	C	D	E	F	G	H	I
1	工号	姓名	起始日期	截止日期	事假	病假	年假	产假	其他
2	40003	唐云	2009/4/1	2009/4/3		3			
3	40030	倪忠	2009/4/1	2009/4/3	3				
4	40107	赵晓宇	2009/4/1	2009/4/1		1			
5	40175	周伟峰	2009/4/1	2009/4/1		0.5			
6	40193	张梦华	2009/4/2	2009/4/3		2			
7	40168	刘柳	2009/4/7	2009/4/10			3.5		
8	40168	刘柳	2009/4/10	2009/4/10					0.5
9	40133	韦小宝	2009/4/14	2009/4/14			0.5		
10	40030	倪忠	2009/4/15	2009/4/17	3				
11	40032	于无声	2009/4/15	2009/4/17			3		
12	40132	张磊	2009/4/16	2009/4/16			0.5		
13	40175	周伟峰	2009/4/16	2009/4/17			2		
14	40108	李玉玺	2009/4/17	2009/4/17		1			
15	40017	彭连虎	2009/4/20	2009/4/20			1		
16	40030	倪忠	2009/4/20	2009/4/17	1				
17	40114	陈小敏	2009/4/20	2009/4/20			1		
18	40064	田明	2009/4/21	2009/4/21		1			
19	40127	周翔	2009/4/23	2009/4/23			1		
20	40003	唐云	2009/4/27	2009/4/29		3			
21	40193	张梦华	2009/4/27	2009/4/27	0.5				
22	40038	欧阳小月	2009/4/28	2009/4/28		1			
23	40133	韦小宝	2009/4/28	2009/4/28			1		
24	40175	周伟峰	2009/4/28	2009/4/28			0.5		
25	40193	张梦华	2009/4/28	2009/4/28	1				

▶▶▶ 1月 / 2月 / 3月 / 4月 / 5月 / 6月 / 汇总表(函数) / 汇总表(数据透视表) /

图 5-20　4 月考勤数据

	A	B	C	D	E	F	G	H	I
1	工号	姓名	起始日期	截止日期	事假	病假	年假	产假	其他
2	40009	孙学丽	2009/4/28	2009/5/8	8				
3	40025	韩明华	2009/5/4	2009/5/5	2				
4	40193	张梦华	2009/5/4	2009/5/6	3				
5	40175	周伟峰	2009/5/6	2009/5/6			0.5		
6	40021	张小明	2009/5/8	2009/5/8		1			
7	40140	梅明华	2009/5/8	2009/5/8			0.5		
8	40114	陈小敏	2009/5/11	2009/5/11		0.5			
9	40193	张梦华	2009/5/11	2009/5/11	0.5				
10	40107	赵晓宇	2009/5/14	2009/5/14			1		
11	40127	周翔	2009/5/18	2009/5/18			0.5		
12	40133	韦小宝	2009/5/18	2009/5/19		2			
13	40168	刘柳	2009/5/18	2009/5/19		1.5			
14	40175	周伟峰	2009/5/18	2009/5/18		0.5			
15	40175	周伟峰	2009/5/19	2009/5/19		1			
16	40184	董辰	2009/5/20	2009/5/20	0.5				
17	40133	韦小宝	2009/5/21	2009/5/22					2
18	40003	唐云	2009/5/22	2009/5/22			1		
19	40015	邹立	2009/5/25	2009/5/27			3		
20	40028	韩春华	2009/5/25	2009/5/25	1				
21	40147	金大林	2009/5/25	2009/5/26			1.5		
22	40175	周伟峰	2009/5/25	2009/5/27		3			
23	40193	张梦华	2009/5/25	2009/5/25	0.5				
24	40030	倪忠	2009/5/27	2009/5/27	1				
25									

▶▶▶ 1月 / 2月 / 3月 / 4月 / 5月 / 6月 / 汇总表(函数) / 汇总表(数据透视表) /

图 5-21　5 月考勤数据

	A	B	C	D	E	F	G	H	I
1	工号	姓名	起始日期	截止日期	事假	病假	年假	产假	其他
2	40003	唐云	2009/6/1	2009/6/1	1				
3	40064	田明	2009/6/1	2009/6/2	2				
4	40107	赵晓宇	2009/6/1	2009/6/2		2			
5	40175	周伟峰	2009/6/1	2009/6/4		4			
6	40168	刘柳	2009/6/3	2009/6/3	0.5				
7	40107	赵晓宇	2009/6/4	2009/6/5		2			
8	40064	田明	2009/6/5	2009/6/7		1			
9	40012	杨雨	2009/6/8	2009/6/8	1				
10	40127	周翔	2009/6/8	2009/6/8			0.5		
11	40016	许忠	2009/6/9	2009/6/10	2				
12	40017	彭连虎	2009/6/9	2009/6/13		5			
13	40108	李玉玺	2009/6/11	2009/6/12	2				
14	40184	董辰	2009/6/12	2009/6/12	0.5				
15	40108	李玉玺	2009/6/13	2009/6/19					7
16	40021	张小明	2009/6/15	2009/6/18		1			
17	40127	周翔	2009/6/15	2009/6/15				1	
18	40133	韦小宝	2009/6/15	2009/6/15	1				
19	40003	唐云	2009/6/16	2009/6/16	0.5				
20	40028	韩春华	2009/6/16	2009/6/17	2				
21	40193	张梦华	2009/6/17	2009/6/19	1.5				
22	40028	韩春华	2009/6/18	2009/6/19		2			
23	40015	邹立	2009/6/19	2009/6/19		1			
24	40127	周翔	2009/6/19	2009/6/19			0.5		
25	40193	张梦华	2009/6/19	2009/6/26	6				

◄ ◄ ► ►◄ \ 1月 \ 2月 \ 3月 \ 4月 \ 5月 \ 6月 \ 汇总表(函数) \ 汇总表(数据透视表) \ ◄◄

图 5-22　6 月考勤数据

（5）半年的员工请假的基础数据完成后，就要对所有员工进行请假情况的统计汇总，计算上半年每个员工各种请假的总天数。可以用函数来完成，也可以用数据透视表来完成。下面分别用这两种方法来完成。

5.2.2　利用函数进行请假统计与分析

在上述工作簿中插入一张新的工作表，命名为"汇总表（函数）"，表示用函数方法进行的考勤数据资料的汇总，具体操作方法如下。

（1）在工作表 A 列至 G 列第一行中分别输入工号、姓名、事假等信息，见图 5-23。

（2）为 C 列到 G 列数据区域分别输入下列公式：

单元格 C2：

=SUMIF('1 月'!\$A:\$A,\$A2,'1 月'!\$E:\$E)+SUMIF('2 月'!\$A:\$A,\$A2,'2 月'!\$E:\$E)+SUMIF('3 月' !\$A:\$A,\$A2,'3 月'!\$E:\$E)+SUMIF('4 月'!\$A:\$A,\$A2,'4 月'! \$E:\$E) +SUMIF('5 月'!\$A:\$A,\$A2, '5 月'!\$E:\$E)+SUMIF('6 月'!\$A:\$A,\$A2,'6 月'!\$E:\$E)

单元格 D2：

=SUMIF('1 月'!\$A:\$A,\$A2,'1 月'!\$F:\$F)+SUMIF('2 月'!\$A:\$A,\$A2,'2 月'!\$F:\$F)+SUMIF('3 月'!\$A:\$A,\$A2,'3 月'!\$F:\$F)+SUMIF('4 月'!\$A:\$A,\$A2,'4 月'! \$F:\$F)+SUMIF('5 月'!\$A:\$A,\$A2,'5 月'!\$F:\$F)+SUMIF('6 月'!\$A:\$A,\$A2,'6 月'!\$F:\$F)

输入公式后向下复制，即可得到 C 列和 D 列半年的数据。

（3）参考上述公式自行完成 E 列、F 列和 G 列的函数公式，并得到相应数据；同时，可尝试利用函数法完成 3 个月、4 个月等考勤数据的统计工作。

（4）这些公式表示利用 SUMIF 函数对每个月工作表的相应列的数据进行求和，计算结果见图 5-23。

	A	B	C	D	E	F	G
1	工号	姓名	事假	病假	年假	产假	其他
2	40003	唐云	3.5	6	1		
3	40009	孙学丽	9		5.5		
4	40012	杨雨	2		1		
5	40015	邹立		3	3		
6	40016	许忠	2		3		
7	40017	彭连虎		5	4		2
8	40021	张小明	2	5	1		
9	40022	郑永杰			2		
10	40025	韩明华	4		5.5		
11	40028	韩春华	3	6	2		
12	40030	倪忠	15		1		2
13	40032	于无声		3	6		
14	40038	欧阳小虎		1	5		
15	40044	李大林	3	6			
16	40048	王金标	7		2		
17	40064	田明	3.5	2	4		
18	40086	黄建伟			3		
19	40106	刘玉华	1	3			
20	40107	赵晓宇		5	1		
21	40108	李玉玺	2	1	0.5	7	
22	40110	马名起		2			
23	40112	吴绮莉	2		2		
24	40114	陈小敏		0.5	3		
25	40127	周翔	3		3.5		
26	40132	张磊		2	0.5		
27	40133	韦小宝	1	4	3		2
28	40140	梅明华	1		3		
29	40147	金大林			7		
30	40168	刘柳	1	6.5	3.5		0.5
31	40175	周伟峰		10	4		
32	40184	董辰	1	1	3		
33	40193	张梦华	17	3	3		1
34	40388	赵晓宇	4				

图 5-23 请假情况汇总——函数法

函数说明：

SUMIF 函数：对报表范围内符合指定条件的值求和。

5.2.3 利用数据透视表进行请假统计与分析

利用数据透视表进行考勤汇总是比较简单、直观的方法，但是由于每个工作表区域的 B 列是姓名，因此只能采用导入数据+SQL 的方法，前面已经介绍过，这里给出相应的 SQL 语句：

select '01 月' as 月份,*from [1 月$] union all select '02 月' as 月份,*from [2 月$] union all select '03 月' as 月份,*from [3 月$] union all select '04 月' as 月份,*from [4 月$] union all select '05 月' as 月份,*from [5 月$] union all select '06 月' as 月份,*from [6 月$]

注意：汇总前先将空单元格填充为数字 0，为了图表的美观，可按照前述方法将表格设置为不显示零值，这样就可以从不同角度分析员工请假情况，见图 5-24。

工号	姓名	事假	病假	年假	产假	其他	请假次数
40003	唐云	3.5	6	1			7
40009	孙学丽	9		5.5			4
40012	杨雨	2		1			3
40015	邹立		3	3			3
40016	许忠	2		3			3
40017	彭连虎		5	4		2	4
40021	张小明	2	5	1			5
40022	郑永杰			2			1
40025	韩明华	4		5.5			4
40028	韩春华	3	6	2			7
40030	倪忠	15		1		2	9
40032	于无声		3	6			3
40038	欧阳小虎		1	5			3
40044	李大林	3	6				7
40048	王金标	7		2			2
40064	田明	3.5	2	4			7
40086	黄建伟			3			2
40106	刘玉华	1	3				3
40107	赵晓宇		5	1			4
40108	李玉玺	2	1	0.5	7		4
40110	马名起		2				1
40112	吴绮莉	2		2			4
40114	陈小敏		0.5	3			3
40127	周翔	3		3.5			7
40132	张磊		2	0.5			2
40133	韦小宝	1	4	3		2	8
40140	梅明华	1		3			3

1月 ╲ 2月 ╲ 3月 ╲ 4月 ╲ 5月 ╲ 6月 ╲ 汇总表(函数) ╲ 汇总表(数据透视表)

图 5-24 请假情况汇总——数据透视表法

5.2.4 请假记录表格的改进

上述按月进行记录的考勤表格虽然看上去比较清晰、明确，但因为将各种请假数据分列保存，所以不利于使用数据透视表进行统计。相比而言，更科学、规范的请假记录表格应该把请假的天数和类型分两列保存，见图 5-25。这样便可以采用函数法和数据透视表法对员工请假情况进行统计分析，方法同上例，但需对公式进行相应的修改。

（1）员工考勤基础数据表格的修改。按照图 5-25 的示例修改图 5-17 至图 5-22，使员工的请假天数和请假类型分两列排列，得到新的 6 个月员工考勤请假情况的基础数据。

（2）利用函数法汇总员工请假情况。在"汇总表（函数）"工作表中，按前述方法输入第一行的相关内容，然后在单元格 C2 输入下面的公式，并向下、向右拉动复制该公式：

=SUMPRODUCT(('1 月'!$A$2:$A$65=$A2)*1,('1 月'!$F$2:$F$65=C$1)*1,'1 月'!$E$2:$E$65)
+ SUMPRODUCT(('2 月'!$A$2:$A$42=$A2)*1,('2 月'!$F$2:$F$42=C$1)*1,'2 月'!$E$2:$E$42)

+SUMPRODUCT(('3 月'!$A$2:$A$43=$A2)*1,('3 月'!$F$2:$F$43=C$1)*1,'3 月'!$E$2:$E$43)
+SUMPRODUCT(('4 月'!$A$2:$A$34=$A2)*1,('4 月'!$F$2:$F$34=C$1)*1,'4 月'!$E$2:$E$34)
+SUMPRODUCT(('5 月'!$A$2:$A$45=$A2)*1,('5 月'!$F$2:$F$45=C$1)*1,'5 月'!$E$2:$E$45)
+SUMPRODUCT(('6 月'!$A$2:$A$33=$A2)*1,('6 月'!$F$2:$F$33=C$1)*1,'6 月'!$E$2:$E$33)

完成后得到的汇总结果，见图 5-26。

工号	姓名	起始日期	截止日期	天数	类型
40012	杨雨	2009/1/5	2009/1/5	1	年假
40021	张小明	2009/1/4	2009/1/5	2	事假
40021	张小明	2009/1/8	2009/1/8	1	年假
40175	周伟峰	2009/1/8	2009/1/8	1	年假
40168	刘柳	2009/1/12	2009/1/16	5	病假
40193	张梦华	2009/1/14	2009/1/16	3	年假
40016	许忠	2009/1/16	2009/1/16	1	年假
40044	李大林	2009/1/16	2009/1/17	2	事假
40064	田明	2009/1/20	2009/1/20	1	事假
40017	彭连虎	2009/1/20	2009/1/20	2	其他
40388	赵晓宇	2009/1/29	2009/1/30	2	事假

1月 2月 3月 4月 5月 6月 汇总表(函数) 汇总表(数据透视表)

图 5-25　改进后的请假数据表

工号	姓名	事假	病假	年假	产假	其他
40003	唐云	2.5	6	2		
40009	孙学丽	9		5.5		
40012	杨雨	2		1		
40015	邹立		3	3		
40016	许忠	2		3		
40017	彭连虎		5	4		2
40021	张小明	2	5	1		
40022	郑永杰			2		
40025	韩明华	4		5.5		
40028	韩春华	3	6	2		
40030	倪忠	15	2	1		
40032	于无声		3	6		
40038	欧阳小虎		1	5		
40044	李大林	3	6			
40048	王金标	7		2		
40064	田明	3.5	2	4		
40086	黄建伟			3		
40106	刘玉华	1	3			
40107	赵晓宇		5	1		
40108	李玉玺	2	1	0.5	7	
40110	马名起	1				
40112	吴绮莉	2		2		

1月 2月 3月 4月 5月 6月 汇总表(函数) 汇总表(数据透视表)

图 5-26　用函数法得到的请假数据汇总

（3）利用数据透视表法汇总员工请假情况。

方法同5.2.3中的介绍，SQL语句也相同。在改进后的请假数据表中拖动字段"天数"到数值区域，把一个分类汇总方式设置为求和（总天数），另一个分类汇总方式设置为计数（请假次数）。这样不仅可以查看员工各类请假的总天数，还能查看员工各类请假的次数。注意，在数据透视表显示方式中要勾选"经典数据透视表布局"。最终得到的数据透视表，见图5-27。

工号	姓名	事假		病假		年假		产假		其他	
		总天数	请假次数	总天数	请假次数	总天数	请假次数	总天数	请假次数	总天数	请假次数
40003	唐云	2.5	3	6	2	2	2				
40009	孙学丽	9	2			5.5	2				
40012	杨雨	2	2			1	1				
40015	邹立			3	2	3	1				
40016	许忠	2	1			3	2				
40017	彭连虎			5	1	4	2			2	1
40021	张小明	2	1	5	3	1	1				
40022	郑永杰					2	1				
40025	韩明华	4	2			5.5	2				
40028	韩春华	3	2	6	3	2	2				
40030	倪忠	15	7	2	1	1	1				
40032	于无声			3	1	6	2				
40038	欧阳小虎			1	1	5	2				
40044	李大林	3	2	6	5						
40048	王金标	7	1			2	1				
40064	田明	3.5	3	2	2	4	2				
40086	黄建伟					3	2				
40106	刘玉华			3	2						
40107	赵晓宇			5	3	1	1				
40108	李玉玺	2	1	1	1	0.5	1	7	1		
40110	马名起	1	1								
40112	吴绮莉	2	1			2	3				
40114	陈小敏			0.5	1	3	2				

图 5-27　用数据透视表法得到的请假数据汇总

5.3　计算加班时间

加班是指在除法定或者国家规定的工作时间以外，在正常工作日或者双休日以及国家法定假期期间延长工作时间。目前，我国企业单位，要求员工在正常休息时间加班的，应严格按照国家法律规定给予员工额外的工资补偿。我国机关事业单位在占用职工法定假期或者双休日正常上班的，应参照《中华人民共和国公务员法》（以下简称《公务员法》）执行额外调休。

在前面的考勤表中，员工的加班时间是手工输入的，但有时员工的加班时间是流水账数据清单式的，因此需要用有关函数计算加班时间。对企业来说，不但要统计加班时间，还要控制每周加班时间不能超过国家规定的加班时间。此外，对加班时间还要按照工作日、双休日和国家法定节假日进行分类，以区别给付加班工资。

5.3.1 计算每周的加班时间

计算出每个员工每周的加班时间并加以汇总，是得到员工加班时间数据的第一步。可以通过 Excel，在手工录入基本加班数据的基础上，通过公式自动获取每周加班时间汇总数据，并通过数据透视表直观地呈现出来。

计算每周加班时间的具体步骤如下。

（1）打开工作簿，新建工作表，命名为"加班数据"。在第一行分别输入"姓名""部门""开始时间""结束时间"，然后根据员工的实际加班情况分别录入数据，得到员工加班数据清单，见图 5-28。

	A	B	C	D
1	姓名	部门	开始时间	结束时间
2	蔡晓宇	总经理办公室	2016/12/01 19:23	2016/12/1 21:46
3	祁正人	总经理办公室	2016/12/2 18:23	2016/12/2 21:09
4	毛利民	人力资源部	2016/12/3 17:23	2016/12/3 21:23
5	刘晓晨	总经理办公室	2016/12/4 20:23	2016/12/4 23:09
6	王玉成	财务部	2016/12/5 9:23	2016/12/5 15:23
7	刘晓晨	总经理办公室	2016/12/6 9:03	2016/12/6 13:09
8	刘晓晨	总经理办公室	2016/12/7 19:23	2016/12/7 21:23
9	王玉成	财务部	2016/12/8 19:23	2016/12/8 23:09
10	毛利民	人力资源部	2016/12/9 20:23	2016/12/9 21:23
11	祁正人	总经理办公室	2016/12/10 18:23	2016/12/10 23:09
12	蔡晓宇	总经理办公室	2016/12/11 19:23	2016/12/11 20:23
13	蔡晓宇	总经理办公室	2016/12/12 9:23	2016/12/12 15:46
14	祁正人	总经理办公室	2016/12/12 18:24	2016/12/12 22:23
15	毛利民	人力资源部	2016/12/15 17:56	2016/12/15 22:09
16	刘晓晨	总经理办公室	2016/12/15 21:24	2016/12/15 23:09
17	王玉成	财务部	2016/12/15 17:56	2016/12/15 21:23
18	蔡晓宇	总经理办公室	2016/12/16 18:24	2016/12/16 23:09
19	刘晓晨	总经理办公室	2016/12/17 17:56	2016/12/17 21:23
20	王玉成	财务部	2016/12/18 18:24	2016/12/18 23:09
21	毛利民	人力资源部	2016/12/19 9:56	2016/12/19 18:23
22	祁正人	总经理办公室	2016/12/20 9:24	2016/12/20 13:09
23	毛利民	人力资源部	2016/12/20 15:56	2016/12/20 20:23
24	刘颂峰	生产部	2016/12/21 19:56	2016/12/21 22:46
25	王玉成	财务部	2016/12/21 19:56	2016/12/21 22:23
26	刘晓晨	总经理办公室	2016/12/22 18:24	2016/12/22 22:09
27	王玉成	财务部	2016/12/25 17:56	2016/12/25 21:23
28	蔡晓宇	总经理办公室	2016/12/25 18:24	2016/12/25 23:09
29	刘晓晨	总经理办公室	2016/12/27 9:56	2016/12/27 14:23
30	王玉成	财务部	2016/12/28 8:24	2016/12/27 16:09
31	毛利民	人力资源部	2016/12/28 19:56	2016/12/28 22:23
32	蔡晓宇	总经理办公室	2016/12/29 19:23	2016/12/29 21:46
33	祁正人	总经理办公室	2016/12/30 18:24	2016/12/30 22:23

图 5-28　加班数据清单

（2）完成此清单后，在原始数据右侧插入"E、F、G"三列，分别输入"加班时间""星期""本月第几周"。计算公式分别如下：

单元格 E2：=HOUR(D2–C2)+IF(MINUTE(D2–C2)<=30,0,0.5)

单元格 F2：=CHOOSE(WEEKDAY(C2,2), "星期一", "星期二", "星期三", "星期四", "星期五", "星期六", "星期日")

单元格 G2：="第 "&WEEKNUM(C2,2)–WEEKNUM(EOMONTH(C2,–1),2)+1&" 周"

注意：加班时间的计算标准是：不满半小时的不计，满半小时不满一小时的按照半小时计算。

将上述公式向下复制，得到新的加班数据清单，见图 5-29。

	A	B	C	D	E	F	G
1	姓名	部门	开始时间	结束时间	加班时间	星期	本月第几周
2	蔡晓宇	总经理办公室	2016/12/01 19:23	2016/12/1 21:46	2.0	星期四	第1周
3	祁正人	总经理办公室	2016/12/2 18:23	2016/12/2 21:09	2.5	星期五	第1周
4	毛利民	人力资源部	2016/12/3 17:23	2016/12/3 21:23	4.0	星期六	第1周
5	刘晓晨	总经理办公室	2016/12/4 20:23	2016/12/4 23:09	2.5	星期日	第1周
6	王玉成	财务部	2016/12/5 9:23	2016/12/5 15:23	6.0	星期一	第2周
7	刘晓晨	总经理办公室	2016/12/6 9:03	2016/12/6 13:09	4.0	星期二	第2周
8	刘晓晨	总经理办公室	2016/12/7 19:23	2016/12/7 21:23	2.0	星期三	第2周
9	王玉成	财务部	2016/12/8 19:23	2016/12/8 23:09	3.5	星期四	第2周
10	毛利民	人力资源部	2016/12/9 20:23	2016/12/9 21:23	1.0	星期五	第2周
11	祁正人	总经理办公室	2016/12/10 18:23	2016/12/10 23:09	4.5	星期六	第2周
12	蔡晓宇	总经理办公室	2016/12/11 19:23	2016/12/11 20:23	1.0	星期日	第2周
13	蔡晓宇	总经理办公室	2016/12/12 9:23	2016/12/12 15:46	6.0	星期一	第3周
14	祁正人	总经理办公室	2016/12/12 18:24	2016/12/12 22:23	3.5	星期一	第3周
15	毛利民	人力资源部	2016/12/15 17:56	2016/12/15 22:09	4.0	星期四	第3周
16	刘晓晨	总经理办公室	2016/12/15 21:24	2016/12/15 23:09	1.5	星期四	第3周
17	王玉成	财务部	2016/12/15 17:56	2016/12/15 21:23	3.0	星期四	第3周
18	蔡晓宇	总经理办公室	2016/12/16 18:23	2016/12/16 23:09	4.5	星期五	第3周
19	刘晓晨	总经理办公室	2016/12/17 17:56	2016/12/17 21:23	3.0	星期六	第3周
20	王玉成	财务部	2016/12/18 18:24	2016/12/18 23:09	4.5	星期日	第3周
21	毛利民	人力资源部	2016/12/19 9:56	2016/12/19 18:23	8.0	星期一	第4周
22	祁正人	总经理办公室	2016/12/20 9:24	2016/12/20 13:09	3.5	星期二	第4周
23	毛利民	人力资源部	2016/12/20 15:56	2016/12/20 20:23	4.0	星期二	第4周
24	刘颂峙	生产部	2016/12/21 19:56	2016/12/21 22:46	2.5	星期三	第4周
25	王玉成	财务部	2016/12/21 19:56	2016/12/21 22:23	2.0	星期三	第4周
26	刘晓晨	总经理办公室	2016/12/22 18:24	2016/12/22 22:09	3.5	星期四	第4周
27	王玉成	财务部	2016/12/25 17:56	2016/12/25 21:23	3.0	星期日	第4周
28	蔡晓宇	总经理办公室	2016/12/26 18:23	2016/12/26 23:09	4.5	星期一	第4周
29	刘晓晨	总经理办公室	2016/12/27 9:56	2016/12/27 14:23	4.0	星期二	第5周
30	王玉成	财务部	2016/12/27 8:24	2016/12/27 16:09	7.5	星期二	第5周
31	毛利民	人力资源部	2016/12/28 19:56	2016/12/28 22:23	2.0	星期三	第5周
32	蔡晓宇	总经理办公室	2016/12/29 19:23	2016/12/29 21:46	2.0	星期四	第5周
33	祁正人	总经理办公室	2016/12/30 18:24	2016/12/30 22:23	3.5	星期五	第5周

图 5-29　改进后的加班数据清单

函数说明：

HOUR 函数：返回时间值的小时数。

MINUTE 函数：返回时间值的分钟数。

CHOOSE 函数：从参数列表中选择并返回一个值。

WEEKNUM 函数：返回一个数字，该数字代表该日期在一年中的第几周。

EOMONTH 函数：计算指定日期之前或之后几个月的最后一天的日期。

（3）完成上述数据表格后，可以利用数据透视表直观地分析加班时间，得到每周加班时间汇总表，或者第几周的加班时间汇总表，见图 5-30、图 5-31。

2016年12月加班时间汇总表

部门	(全部)

求和项:加班时间	星期							
姓名	星期日	星期一	星期二	星期三	星期四	星期五	星期六	总计
蔡晓宇			4	4.5		5.5	6	20
刘颂峙		2.5						2.5
刘晓晨	8	2	5		3	2.5		20.5
毛利民	4	2	4	1	4		8	23
祁正人	3.5			6	4.5		3.5	17.5
王玉成	7.5	2	6.5			7.5	6	29.5
总计	23	8.5	19.5	11.5	11.5	15.5	23.5	113

图 5-30　每周的加班时间汇总表

2016年12月加班时间汇总表

部门	(全部)

加班时长	本月第几周					
姓名	第1周	第2周	第3周	第4周	第5周	总计
蔡晓宇	2	7	4.5	4.5	2	20
刘颂峙				2.5		2.5
刘晓晨	6.5	2	4.5	7.5		20.5
毛利民	4	1	16		2	23
祁正人	2.5	8	3.5		3.5	17.5
王玉成	6	3.5	7.5	12.5		29.5
总计	21	21.5	36	27	7.5	113

图 5-31　第几周的加班时间汇总表

5.3.2　分类计算工作日、双休日和国家法定节假日的加班时间

根据我国相关法律的规定，不同时间加班费的计算标准不同，因此，需要按照普通工作日、双休日和国家法定节假日对加班时间进行分类统计，为计算加班工资提供依据。

某公司加班记录清单格式如图 5-28 所示，现在要求按照普通工作日、双休日、国家法定节假日对加班时间进行分类计算，以便按照不同标准计算加班费用，具体步骤如下。

（1）将图 5-28 前两列的数据复制到一张新的工作表中，并输入包含法定节假日的加班数据，如 2016 年 4 月的数据。

（2）完成复制和数据录入后，在原始数据右侧插入 E 列、F 列，加入标题"加班时间"

和"加班类别"，并分别输入公式，相关操作及说明如下。

① 单元格 E2：=HOUR(D2−C2)+IF(MINUTE(D2−C2)<=30,0,0.5)，并利用填充柄向下复制此公式。

② 单元格 F2：=IF(DATE(YEAR(C2),MONTH(C2),DAY(C2))=DATEVALUE("2016-4-4"), "节假日", IF(OR(WEEKDAY(C2,2)=6,WEEKDAY(C2,2)=7),"双休日","工作日"))

此公式是判断法定节假日的公式。公式中首先判断是否为法定节假日，其次判断是否为双休日，最后判断是否为工作日。2016 年 4 月的加班数据中，2016 年 4 月 4 日是法定节假日清明节，因此在公式中特别加入对此条件的判断。此例中不涉及调休，否则要增加判断条件。

③ 输入公式后向下复制得到两列数据，见图 5-32。

注意：如果是多个月的加班数据，则可能涉及多个法定节假日，那么就需要增加所涉及的所有月份的法定节假日的判断条件，可以自行尝试完成。

	A	B	C	D	E	F
1	姓名	部门	开始时间	结束时间	加班时间	加班类别
2	蔡晓宇	总经理办公室	2016/4/1 19:23	2016/4/1 21:46	2.0	工作日
3	祁正人	总经理办公室	2016/4/2 18:23	2016/4/2 21:09	2.5	双休日
4	毛利民	人力资源部	2016/4/3 17:23	2016/4/3 21:23	4.0	双休日
5	刘晓晨	总经理办公室	2016/4/4 20:23	2016/4/4 23:09	2.5	节假日
6	王玉成	财务部	2016/4/5 9:23	2016/4/5 15:23	6.0	工作日
7	刘晓晨	总经理办公室	2016/4/5 9:03	2016/4/5 13:09	4.0	工作日
8	刘晓晨	总经理办公室	2016/4/7 19:23	2016/4/7 21:23	2.0	工作日
9	王玉成	财务部	2016/4/8 19:23	2016/4/8 23:09	3.5	工作日
10	毛利民	人力资源部	2016/4/9 20:23	2016/4/9 21:23	1.0	双休日
11	祁正人	总经理办公室	2016/4/5 18:23	2016/4/5 23:09	4.5	工作日
12	蔡晓宇	总经理办公室	2016/4/11 19:23	2016/4/11 20:23	1.0	工作日
13	蔡晓宇	总经理办公室	2016/4/12 9:23	2016/4/12 15:46	6.0	工作日
14	祁正人	总经理办公室	2016/4/12 18:24	2016/4/12 22:23	3.5	工作日
15	毛利民	人力资源部	2016/4/15 17:56	2016/4/15 22:09	4.0	工作日
16	刘晓晨	总经理办公室	2016/4/5 21:24	2016/4/5 23:09	1.5	工作日
17	王玉成	财务部	2016/4/15 17:56	2016/4/15 21:23	3.0	工作日
18	蔡晓宇	总经理办公室	2016/4/16 18:24	2016/4/16 23:09	4.5	双休日
19	刘晓晨	总经理办公室	2016/4/17 17:56	2016/4/17 21:23	3.0	双休日
20	王玉成	财务部	2016/4/5 18:24	2016/4/5 23:09	4.5	工作日
21	毛利民	人力资源部	2016/4/19 9:56	2016/4/19 18:23	8.0	工作日
22	祁正人	总经理办公室	2016/4/20 9:24	2016/4/20 13:09	3.5	工作日
23	毛利民	人力资源部	2016/4/20 15:56	2016/4/20 21:23	4.0	工作日
24	刘颂峙	生产部	2016/4/5 19:56	2016/4/5 22:46	2.5	工作日
25	王玉成	财务部	2016/4/21 19:56	2016/4/21 22:23	2.0	工作日
26	刘晓晨	总经理办公室	2016/4/22 18:24	2016/4/22 22:09	3.5	工作日
27	王玉成	财务部	2016/4/25 17:56	2016/4/25 21:23	3.0	工作日
28	蔡晓宇	总经理办公室	2016/4/25 18:24	2016/4/25 23:09	4.5	工作日
29	刘晓晨	总经理办公室	2016/4/27 9:56	2016/4/27 14:23	4.0	工作日
30	王玉成	财务部	2016/4/27 8:24	2016/4/27 16:09	7.5	工作日
31	毛利民	人力资源部	2016/4/28 19:56	2016/4/28 22:23	2.0	工作日
32	蔡晓宇	总经理办公室	2016/4/29 19:23	2016/4/29 21:46	2.0	工作日
33	祁正人	总经理办公室	2016/4/30 18:24	2016/4/30 22:23	3.5	双休日

图 5-32　判定加班类别

函数说明：

DATEVALUE：将以文本表示的日期转换成一个序列号。

（3）完成上述表格后，可用数据透视表直观地分析工作日、双休日和国家法定节假日的加班情况，可以得到每个员工不同加班类型的加班时间，见图 5-33。

加班时间（小时）		加班类别			
部门	姓名	工作日	节假日	双休日	总计
⊟财务部	王玉成	16	10.5	3	29.5
⊟人力资源部	毛利民	19		4	23
⊟生产部	刘颂峙		2.5		2.5
⊟总经理办公室	蔡晓宇	14.5		5.5	20
	刘晓晨	9.5	5.5	5.5	20.5
	祁正人	13	4.5		17.5
总计		72	23	18	113

图 5-33　用数据透视表分析加班类别

通过上述步骤，完成了企业员工加班时间、加班类别等的统计，这是企业考勤工作的一项基本数据。在实际工作中，可以根据企业的需要增加或更改具体的统计内容，使考勤管理更加符合企业的实际需求。

5.4　休假管理

我国《公务员法》和《劳动法》都对职工的休息和休假做出了相关的规定：职工累计工作已满 1 年不满 10 年的，年休假 5 天；已满 10 年不满 20 年的，年休假 10 天；已满 20 年的，年休假 15 天。此外，有些公司还制定了人性化的休假制度，不再将国家法定休假日、休息日计入年休假的假期，使得员工能够充分享受带薪休假。上述关于休息和休假的管理，可以根据员工工龄在 Excel 中自动计算出休假天数。

5.4.1　计算员工工龄

休息和休假天数与员工工龄有着最为直接的关系。但在不同的企业中，工龄的计算标准也不同，有的计算实工龄（不满一年的不计），有的计算虚工龄（不满一年的按一年计），有的要求计算具体的工作年数、月数和日数等。下面是计算工龄的具体步骤。

（1）创建一张新的工作表，命名为"工龄"，分别合并 A1:A2、B1:B2、C1:C2 单元格，并输入"姓名""入职时间""截止时间"；合并 D1:F1 单元格，输入"实工龄（年）"；在单元格 D2、E2、F2 分别输入"方法 1""方法 2""方法 3"；分别合并 G1:G2 和 H1:H2 单元格，输入"虚工龄（年）"和"不满半年按 0.5 年算，满半年不满 1 年按 1 年算"。

（2）手工输入姓名、入职时间和截止日期等数据项内容。

（3）分别输入公式，计算实工龄、虚工龄和特殊工龄的数值。

① 计算实工龄的三种方法：

单元格 D3：=YEAR(C3–B3+2)–1900

单元格 E3：=INT(YEARFRAC(B3,C3+1,1))

单元格 F3：=DATEDIF(B3,C3,"y")

② 计算虚工龄的方法：

单元格 G3：=YEAR(C3)–YEAR(B3)+1

③ 计算特殊工龄的方法：按照"不满半年按 0.5 年算，满半年不满 1 年按 1 年算"的标准，公式如下：

单元格 H3：

=INT(YEARFRAC(B3,C3+1,1))+IF(YEARFRAC(B3,C3+1,1)–INT(YEARFRAC(B3,C3+1,1))

< 0.5,0.5,1)

或者用更简化的公式：

=ROUNDUP(YEARFRAC(B3,C3+1,1)*2+0.000000001,0)/2

（4）将公式向下复制后，得到相关工龄数据，见图 5-34。

	A	B	C	D	E	F	G	H
1	姓名	入职时间	截止日期	实工龄（年）			虚工龄（年）	不满半年按0.5年算，满半年不满1年按1年算
2				方法1	方法2	方法3		
3	AAA	1998/1/12	2016/12/31	18	18	18	19	19
4	BBB	2002/4/18	2016/12/31	14	14	14	15	15
5	CCC	2003/7/23	2016/12/31	13	13	13	14	13.5
6	DDD	2004/12/31	2016/12/31	12	12	12	13	12.5
7	EEE	2008/3/23	2016/12/31	8	8	8	9	9

图 5-34　工龄数据表

函数说明：

INT 函数：向下取整为最接近的整数。

ROUNDUP 函数：向上舍入数字，不管舍去的首位数字是否大于 4，都向前进 1。

5.4.2　计算国家法定年休假天数

我国相关法律规定：工作满 1 年不满 10 年的，年休假 5 天；已满 10 年不满 20 年的，年休假 10 天；已满 20 年的，年休假 15 天。由此可以用 IF 函数，根据累积工龄计算职工应休假天数，具体步骤如下。

（1）创建一张新的工作表，命名为"法定年休假天数"，并参考图 5-34 在第一栏填入相关标题内容，见图 5-35。

（2）为 A、B、C、D 四列手工录入相关数据和内容。

（3）分别输入公式计算出工龄和法定年休假天数。

单元格 E2：=YEAR(D2−C2+2)−1900

单元格 F2：=IF(E2>=20,15,IF(E2>=10,10,IF(E2>=1,5,0)))

或者：=IF(E2<1,0,IF(E2<10,5,IF(E2<20,10,15)))

（4）将公式向下复制后，得到相应数据，见图 5-35。

	A	B	C	D	E	F
1	工号	姓名	参加工作时间	计算截止日	工龄	法定年休假天数
2	0001	AAAA1	1989/7/1	2016/12/31	27	15
3	0002	AAAA2	1989/7/1	2016/12/31	27	15
4	0003	AAAA3	1997/8/1	2016/12/31	19	10
5	0004	AAAA4	2004/6/30	2016/12/31	12	10
6	0005	AAAA5	1995/6/30	2016/12/31	21	15
7	0006	AAAA6	2001/7/1	2016/12/31	15	10
8	0007	AAAA7	2004/7/1	2016/12/31	12	10
9	0008	AAAA8	2002/7/1	2016/12/31	14	10
10	0009	AAAA9	2010/3/1	2016/12/31	6	5

图 5-35　法定年休假天数表

5.4.3　根据公司工龄计算年休假天数

除了国家法定年休假，有些企业还会给予员工额外的带薪年休假，根据企业的实际情况，自定企业的年休假方案。一般来说，企业自定的年休假时间与员工在本企业的工龄相关。在计算这种企业内部的年休假时，要根据具体情况设计公式，具体步骤如下。

（1）新建一张工作表，命名为"公司自定年休假天数"，在第一栏输入"工号""姓名""参加工作时间"等项目名称，见图 5-36。

（2）手工录入工号、姓名、参加工作时间、进公司时间等栏的数据。

（3）在数据表格区域下方录入公司自拟年休假的相关规定。

例如：当年入职员工享受公司 5 天年休假；自第 2 年度起，每个员工的年休假为 6+N 天，N 为年度递增自然数；第 6～10 年度为 15 天，第 11～15 年度为 20 天，第 16 年度开始全是 25 天。

同时，假设社会工龄的计算基准日是每年的 12 月 31 日（基准日可在公式中进行相应修改），公司工龄的计算基准日是每年的 3 月 31 日。

（4）分别为其余各栏输入公式，得到相应数据。

单元格 D2：=YEAR("2016-12-31"−C2+2)−1900

单元格 F2：=YEAR("2016-3-31"−E2+2)−1900

单元格 G2：=IF(D2>=20,15,IF(D2>=10,10,IF(D2>=1,5,0)))

单元格 H2：=IF(F2<1,5,IF(F2<6,6+F2,IF(F2<=10,15,IF(F2<=15,20,25))))

单元格 I2: =G2+H2

注意，可把 5.4.2 和 5.4.3 的内容结合起来，并对公式进行相应的修改，可自行完成。

（5）向下复制公式后，得到相应数据，见图 5-36。

	A	B	C	D	E	F	G	H	I
1	工号	姓名	参加工作时间	社会工龄	进公司时间	公司工龄	国家法定年休假	公司年休假	年休假合计
2	3443	AAA1	1988/3/19	22	1995/7/12	14	15	20	35
3	6039	AAA2	1992/12/25	18	1992/12/15	17	10	25	35
4	2139	AAA3	1998/8/21	12	2002/3/23	8	10	15	25
5	1304	AAA4	2000/8/1	10	2007/10/31	2	10	8	18
6	5402	AAA5	2002/10/15	8	2010/3/22	0	5	5	10
7	1. 当年入职员工享受公司5天年休假；								
8	2. 自第2年度起，每个员工的年休假为6+N天，N为年度递增自然数；								
9	3. 第6～10年度为15天，第11～15年度为20天，第16年度开始全是25天。								

图 5-36　根据公司工龄计算年休假天数

5.4.4　根据工龄和岗位级别计算年休假天数

除了用工龄来确定年休假，有些公司还会根据员工在本公司的工龄和岗位级别来确定员工的年休假天数，具体步骤如下。

（1）在前述工作表"公司自定年休假天数"中的 B 列后增加 1 列，输入名称"岗位级别"，在 L、M、N、O 列增加相关数据，并分别在标题栏输入"基础工龄""基础假""递增假""实休假"等，见图 5-37。

	A	B	C	D	E	F	G	H	I	J	K	L	M	N	O
1	工号	姓名	岗位级别	参加工作时间	社会工龄	进公司时间	公司工龄	国家法定年休假	公司年休假	年休假合计		基础工龄	基础假	递增假	实休假
2	3443	AAAA1	A	1988/3/19	28	1995/7/12	20	15	10	25		1	2	19	10
3	6039	AAAA2	A	1992/12/25	24	1992/12/25	23	15	10	25		1	2	22	10
4	2139	AAAA3	B	1998/8/21	18	2002/3/23	14	10	10	20		1	1	13	10
5	1304	AAAA4	B	2000/8/1	16	2007/10/31	8	10	8	18		1	1	7	8
6	5402	AAAA5	C	2000/10/15	16	2007/4/1	9	10	8	18		2	1	7	8
7	3005	AAAA6	C	2002/10/15	14	2010/3/22	6	10	5	15		2	1	4	5

图 5-37　根据工龄和岗位级别计算年休假天数

（2）确定公司的休假管理规定。例如，公司规定岗位级别为 A，工龄满 1 年可以休息 2 天；B 级工龄满 1 年可以休息 1 天；C 级工龄满 2 年可以休息 1 天；每个级别的工龄每增加 1 年，年休假也增加 1 天，但最高不超过 10 天。社会工龄的计算基准是 12 月 31 日，公司的工龄计算基准是 3 月 31 日。

（3）在 C 列手工输入具体的岗位级别，为 E、G、H、I、J 列输入公式并得到相应数据。

单元格 E2: =YEAR("2016-12-31"−D2+2)−1900

单元格 G2: =YEAR("2016-3-31"−F2+2)−1900

单元格 H2：=IF(E2>=20,15,IF(E2>=10,10,IF(E2>=1,5,0)))

单元格 I2：=MIN(IF(G2>=IF(C2="C",2,1),IF(C2="A",2,1),0)+MAX(G2-IF(C2="C", 2,1), 0), 10)

单元格 J2：=H2+I2

（4）根据岗位级别计算公司年休假天数，具体步骤如下。

① 先判断不同岗位级别的基础工龄，根据工龄、岗位级别判断基础年休假天数，再计算每年的递增年休假天数，最后判断年休假是否超过 10 天。

② 为 L、M、N、O 列输入下列公式：

单元格 L2：=IF(C2="C",2,1)

单元格 M2：=IF(G2>=L2,IF(C2="A",2,1),0)

单元格 N2：=MAX(G2-L2,0)

单元格 O2：=MIN(M2+N2,10)

（5）将公式向下复制后，得到相应数据，见图 5-37。

5.4.5　根据员工请假条起止日期确定休假天数

还有一种情况，即根据员工递交请假条的开始日期和结束日期来确定员工的实际休假天数，计算步骤如下。

（1）新建一张工作表，命名为"请假条起止休假天数"。

（2）在第一行输入栏目名称，见图 5-38。

	A	B	C	D	E	F
1	工号	姓名	开始日期	结束日期	天数	请假类型
2	40021	张三	2010/3/2	2010/3/10	7	年假
3	40023	李斯	2010/3/8	2010/3/15	6	年假
4	40175	周小发	2010/3/8	2010/3/8	1	事假
5	40012	杨峰	2010/3/10	2010/3/15	4	事假
6	40016	覃新	2010/3/23	2010/4/1	8	年假
7	40168	刘小宇	2010/3/12	2010/3/16	3	病假

图 5-38　根据员工请假条起止日期确定休假天数

（3）在 A:D 列手工输入具体数据。

（4）为 E 列输入下列公式：

单元格 E2：=D2−C2+1−SUMPRODUCT((WEEKDAY(ROW(INDIRECT(C2&":"&D2)), 2)={6,7})*1)

注意：要考虑双休日，如果员工请假期间有双休日，则不能将其算在请假天数之内。

函数说明：

INDIRECT 函数：将字符串转化为数组引用。

ROW 函数：返回公式所在单元格的行号。

SUMPRODUCT 函数：返回相应的区域或数组乘积的和。可用来进行多条件计数，即统计同时满足条件 1、条件 2 到条件 n 的记录的个数。

（5）将公式向下复制后，得到相应数据，见图 5-38。

5.4.6 年休假动态管理表格

利用年休假动态管理表格，可以逐日记录员工的休假信息，当某个员工休假还没结束时，该员工所在行剩余的单元格还可以逐个输入剩下的休假日期，一旦此员工休假结束，则该员工所在行自动锁定并用颜色标识，不能再输入数据，见图 5-39。

工号	姓名	年休假所属年度		年休假总天数	已休天数	剩余天数	第1天	第2天	第3天	第4天	第5天	第6天	第7天	第8天	第9天	第10天
		开始日期	结束日期													
4594	马伟峰	2010/1/27	2011/1/26	5	5	0	2月27日	2月28日	3月1日	3月2日	3月3日					
6849	王倩	2010/1/27	2011/1/26	3	3	0	3月15日	3月16日	3月17日							
4958	夏立飞	2010/1/27	2011/1/26	10	7	5	3月8日	3月9日	3月10日	3月11日	3月12日	3月13日	3月14日			
5494	贺立群	2010/1/27	2011/1/26	4	4	0	2月1日	2月2日	2月3日	2月4日						
4095	马燕芳	2010/1/27	2011/1/26	5	3	2	3月12日	3月13日	3月14日							

图 5-39　年休假动态管理表格

制作这样的表格需要使用条件格式、宏和 VBA 程序，条件格式用于标识那些休完年假的员工，宏和 VBA 程序用来锁定已经休完年假的员工，下例中假设公司年休假最长为 10 天。此类表格的具体制作步骤如下。

（1）新建一张工作表，命名为"年休假动态管理表格"，见图 5-39。

（2）输入 A:E 列各栏数据。

（3）标识休完年假的员工：

单元格 F3：=IF(B3="","",COUNTA(H3:Q3))

单元格 G3：=IF(B3="","",E3–F3)

输入公式后向下复制。

（4）H 列至 Q 列单元格用于输入员工的具体休假日期，并设置条件格式如下：=AND($B3<>"",$G3=0,A3<>"")，设定后单击"格式"按钮，选定颜色，见图 5-40。

（5）利用 VBA 程序锁定休完年假的员工，具体步骤如下。

① 打开 VBA 编辑器（Alt+F11），在"工程资源管理器"中选择相应的工作表，双击，打开代码窗口。

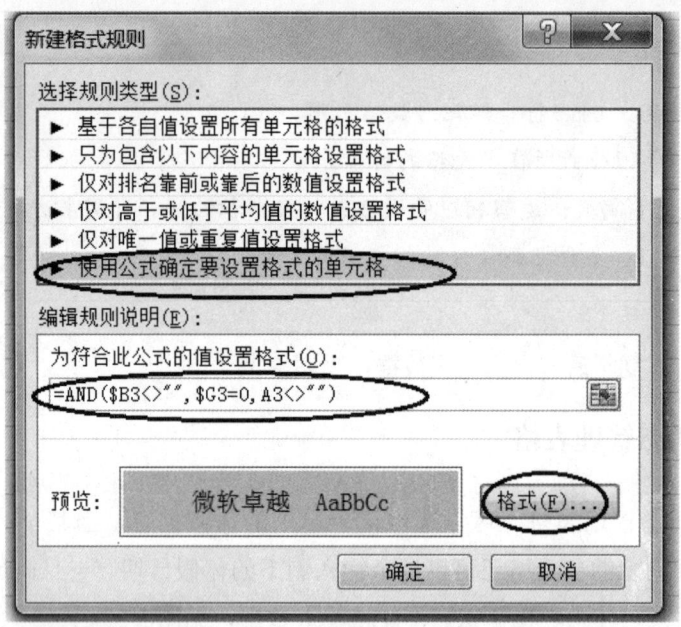

图 5-40　设置员工休假结束提醒

② 在代码窗口单击"通用"下的按钮,选择"worksheet",在右侧"selectionchange"下拉列表中选择"change"。

编写相关代码如下:

```
Private Sub Worksheet_Change(ByVal Target As Range)
    Dim i As Long
    ActiveSheet.Unprotect Password:="11111"
    Cells.Locked = False
    For i = 3 To Range("A65536").End(xlUp).Row
        If Range("G" & i) = 0 Then
            Range("A" & i & ":Q" & i).Locked = True
        End If
    Next i
    ActiveSheet.Protect Password:="11111"
End Sub
```

说明:程序代码利用工作表的"change"事件,自动锁定已经休完假的员工所在行的单元格,工作表保护密码为"11111"。

第6章

薪酬管理和统计分析

薪酬管理是人力资源管理工作中的重要内容。在薪酬管理中需要计算每位员工的个人所得税（也称个人收入所得税或个人所得税），将各种收入项和支出项详细列出，得出每月每位员工的月工资数额等。不同企业对员工的薪酬管理有不同的要求和方式，但总的来说，利用Excel可以比较方便地进行薪酬管理并处理涉及员工薪酬的各项工作，提高工作效率。

本章的学习内容：

（1）计算个人所得税的几种方法；
（2）制作员工工资清单；
（3）完成个人工资表模板；
（4）以工资清单和工资表模板为基础，利用VBA程序生成员工个人工资表。

本章需要运用的命令和工具：

计算个人所得税的公式，利用IF函数、查找函数、数组公式、自定义函数计算个人所得税的方法，宏的加载和使用，利用模板和VAB程序生成工资表的方法。

6.1　计算个人所得税的几种方法

我国个人所得税的征收是以5000元/月为起征点的，超过部分为应纳税额；以应纳税额为依据，使用的是3%～45%的七级超额累进税率。个人所得税的计算公式是：个人所得税=应纳税所得额*税率减去速算扣除数，见图6-1，这是我国现阶段适用的个人所得税七级税率表。注意：应纳税所得额是扣除起征点5000元后的余额。

级数	下限	上限	税率（%）	速扣数
1	0	3000	3	0
2	3000	12000	10	210
3	12000	25000	20	1410
4	25000	35000	25	2660
5	35000	55000	30	4410
6	55000	80000	35	7160
7	80000		45	15160

图6-1　个人所得税七级税率表

计算个人所得税有不同的方法，以下介绍四种方法，分别是使用 IF 函数、使用数组公式、使用查找函数和使用自定义函数来计算个人所得税，计算方法不同，但计算结果相同。

6.1.1 使用 IF 函数计算个人所得税

（1）打开一个工作簿，新建一张工作表，命名为"计算个人所得税"。工作表的设计结构见 图 6-2。

	A	B	C	D	E	F
1	姓名	税前工资	个人所得税			
2			使用IF函数	使用数组公式	使用查找函数	使用自定义函数

图 6-2　计算个人所得税工作表项目

（2）将姓名、税前工资数额输入 A 列和 B 列数据区域内。

（3）在单元格 C3 中输入以下公式：

=(B3>5000)*IF((B3−5000)<=3000,(B3−5000)*0.03,IF((B3−5000)<=12000,(B3−5000)*0.1−210,IF((B3−5000)<=25000,(B3−5000)*0.2−1410,IF((B3−5000)<=35000,(B3−5000)*0.25−2660,IF((B3−5000)<=55000,(B3−5000)*0.3−4410,IF((B3−5000)<=80000,(B3−5000)*0.35−7160,(B3−5000)*0.45−15160))))))

（4）将公式向下复制，得到使用 IF 函数计算的应该缴纳的个人所得税数额，见图 6-3。

	A	B	C	D	E	F
1	姓名	税前工资	个人所得税			
2			使用IF函数	使用数组公式	使用查找函数	使用自定义函数
3	韩雨菲	12350	525	525	525	525
4	王平	8890	179	179	179.00	179
5	和晓丽	11428	432.8	432.8	432.80	432.8
6	孟达	15900	880	880	880.00	880

图 6-3　计算个人所得税工作表

6.1.2 使用数组公式计算个人所得税

在图 6-3 所示的表格单元格 D3 中输入以下公式：

=ROUND(MAX((B3−5000)*{0.03,0.1,0.2,0.25,0.3,0.35,0.45}−{0,210,1410,2660,4410,7160,15160},0),2)

将公式向下复制，得到使用数组公式计算出的应该缴纳的个人所得税数额，见图 6-3。

6.1.3 使用查找函数计算个人所得税

利用 VLOOKUP 函数可以快速准确地计算个人所得税，具体步骤如下。

（1）新建一张工作表，命名为"税率表"，见图 6-4。

下限	上限	税率（%）	速扣数
0	3000	3	0
3000.01	12000	10	210
12000.01	25000	20	1410
25000.01	35000	25	2660
35000.01	55000	30	4410
55000.01	80000	35	7160
80000.01		45	15160

图 6-4　税率表

说明：此表是一张税率速扣数表格，注意数据区域第一列是七级累积税率，是应纳税所得额的下限值，第二列是该级税率的上限值。

（2）按照我国税法的规定，将七级税率和速扣数数值分别填入 C 列和 D 列数据区域内，见图 6-4。

（3）将 A1:D8 区域的名称定义为"税率表"。

（4）返回"计算个人所得税"工作表，在"计算个人所得税"工作表中，为单元格 E3 输入以下公式：

=IF(B3>5000,ROUND(VLOOKUP(B3-5000,税率表,3)*(B3-5000)-VLOOKUP(B3-5000,税率表,4),3),0)

（5）将公式向下复制，得到使用查找函数计算出的个人所得税数额，见图 6-3。

6.1.4 使用自定义函数计算个人所得税

利用 VBA 程序编写个人所得税自定义函数，可适用于任何场合。此自定义函数有两个参数，其中一个参数指定每个月的税前工资，是必须参数；另一个是可选参数，指定个人所得税的起征点，如果忽略此参数，则默认起征点为 5000 元。使用自定义函数计算个人所得税的步骤如下。

（1）打开工具栏中"开发工具"选项卡，单击"Visual Basic"按钮，见图 6-5；或者直接按下组合键"Alt+F11"，打开 VBA 界面。

图 6-5　打开 VBA 界面

（2）在打开的 VBA 界面中，插入 VBA 标准模块，程序如下：

```
Public Function 个人所得税(月收入 As Currency, Optional 起征点) As Currency
    Dim 税率 As Currency, 速扣数 As Currency, 应纳税额 As Currency
    If IsMissing(起征点) Then 起征点 = 5000
应纳税额 = 月收入 − 起征点
    If 应纳税额<= 3000 Then
税率 = 0.03: 速扣数 = 0
    ElseIf 应纳税额<= 12000 Then
税率 = 0.1: 速扣数 = 210
    ElseIf 应纳税额<= 25000 Then
税率 = 0.2: 速扣数 = 1410
    ElseIf 应纳税额<= 35000 Then
税率 = 0.25: 速扣数 = 2660
    ElseIf 应纳税额<= 55000 Then
税率 = 0.3: 速扣数 = 4410
    ElseIf 应纳税额<= 80000 Then
税率 = 0.35: 速扣数 = 7160
    Else
税率 = 0.45: 速扣数 = 15160
    End If
    If 应纳税额<= 0 Then
个人所得税 = 0
    Else
个人所得税 = 应纳税额 * 税率 − 速扣数
    End If
End Function


Public Function 税率(月收入 As Currency, Optional 起征点) As Currency
    Dim 应纳税额 As Currency
    If IsMissing(起征点) Then 起征点 = 5000
应纳税额 = 月收入 − 起征点
    If 应纳税额<= 0 Then
税率 = 0
    ElseIf 应纳税额<= 3000 Then
```

```
税率 = 0.03
    ElseIf 应纳税额<= 12000 Then
税率 = 0.1
    ElseIf 应纳税额<= 25000 Then
税率 = 0.2
    ElseIf 应纳税额<= 35000 Then
税率 = 0.25
    ElseIf 应纳税额<= 55000 Then
税率 = 0.3
    ElseIf 应纳税额<= 80000 Then
税率 = 0.35
    Else
税率 = 0.45
    End If
End Function


Public Function 速扣数(月收入 As Currency, Optional 起征点) As Integer
    Dim 应纳税额 As Currency
    If IsMissing(起征点) Then 起征点 = 5000
应纳税额 = 月收入 – 起征点
    If 应纳税额<= 3000 Then
速扣数 = 0
    ElseIf 应纳税额<= 12000 Then
速扣数 = 210
    ElseIf 应纳税额<= 25000 Then
速扣数 = 1410
    ElseIf 应纳税额<= 35000 Then
速扣数 = 2660
    ElseIf 应纳税额<= 55000 Then
速扣数 = 4410
    ElseIf 应纳税额<= 80000 Then
速扣数 = 7160
    Else
速扣数 = 15160
```

End If

End Function

（3）输完程序后，关闭 VBA 界面。

（4）在"计算个人所得税"工作表中调用自定义函数，方法如下。

① 选中单元格 F3。

② 选择工具栏中"公式"选项卡，单击 "插入函数"按钮，见图 6-6。

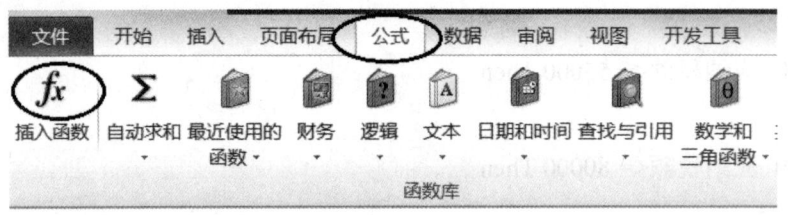

图 6-6　插入函数

③ 在弹出的"插入函数"对话框中，在"或选择类别"的下拉菜单中选择"用户定义"；在"选择函数"中选择"个人所得税"，单击确定，见图 6-7。

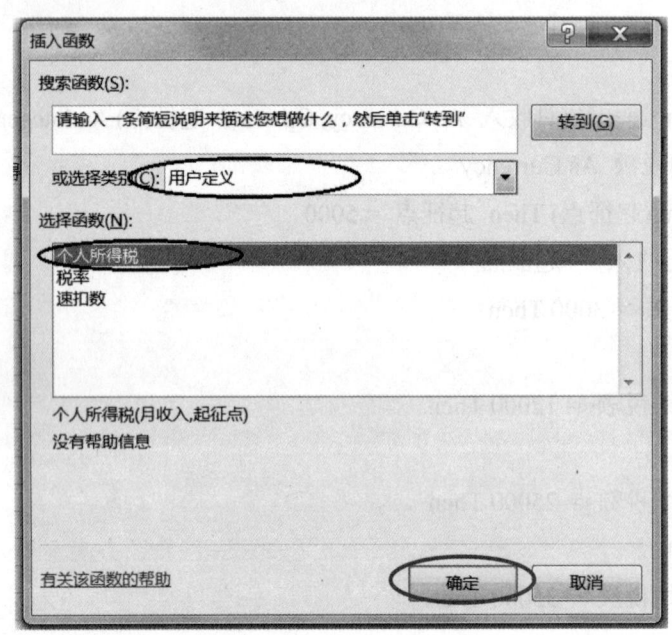

图 6-7　调用自定义函数

④ 在弹出的"函数参数"对话框中，分别输入"月收入"和"起征点"的数值，单击确定即可得到相应的应缴纳税额，见图 6-8。

⑤ 将 F 列各单元格均按此操作，即可得出使用自定义函数计算出的个人所得税数额，见图 6-3。

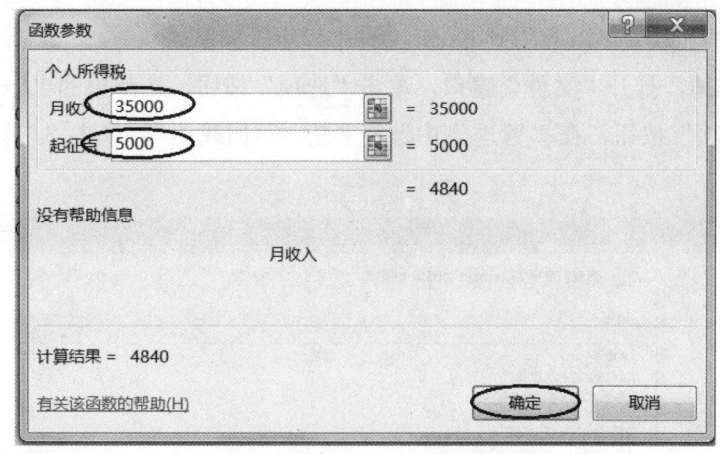

图 6-8　输入月收入和起征点

6.1.5　将自定义函数设置为加载宏

保存在当前工作簿中的自定义函数只能在当前工作簿中使用，要想在任何一个工作簿中都可以使用就需要将自定义函数设置为加载宏，这样只要将该宏加载到任何工作簿中，就可以自由使用该自定义函数了，方法如下。

（1）新建空白工作簿，打开 VBA 编辑器窗口，插入模块，编写自定义函数程序代码，关闭 VBA 编辑器窗口。

（2）将文件另存为"Excel 97-2003 加载宏"文件（保存类型），命名为"个人所得税"，文件默认保存在"AddIns"文件夹中，也可选择其他位置，见图 6-9。

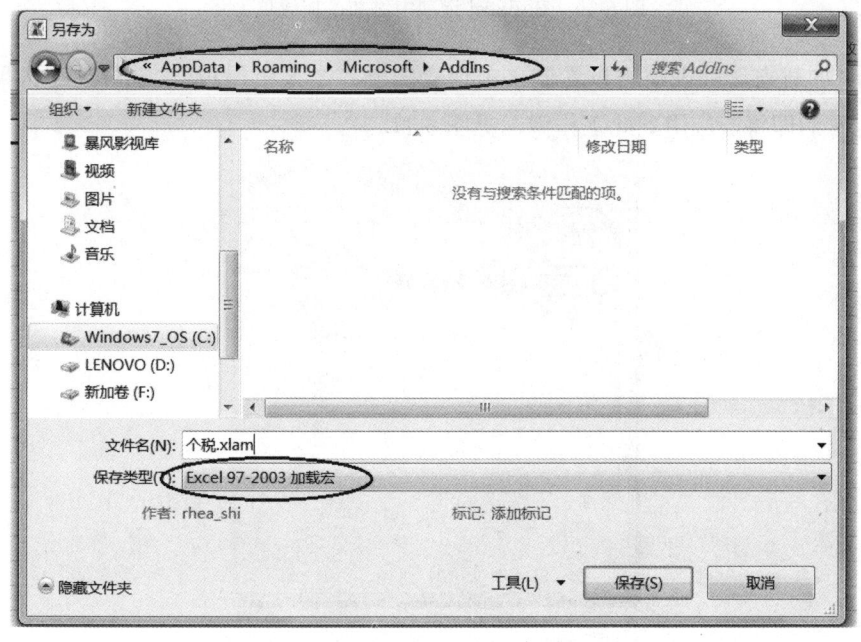

图 6-9　将模块代码另存为加载宏的文件

（3）保存后的加载宏可以应用到 Excel 文件中，步骤如下。

① 新建工作簿，打开"文件"窗口，单击"选项"按钮，在弹出的"Excel 选项"对话框中单击"加载项"按钮，在"管理"中选择"Excel 加载项"，单击"转到"按钮，见图6-10。

图 6-10　在 Excel 选项中添加"加载项"

② 在"加载宏"列表中可以看到之前保存的宏"个人所得税"，选择"个人所得税"，单击"确定"后即将宏应用到此工作簿，见图6-11。

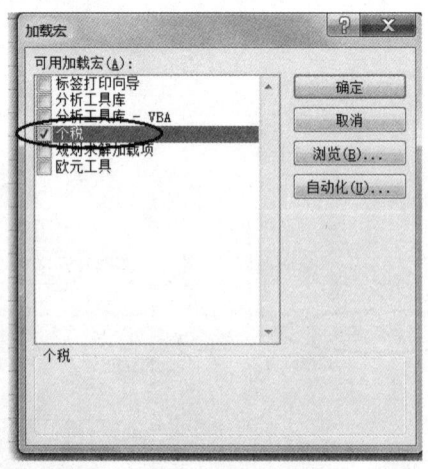

图 6-11　将宏运用到工作表

③ 新建一张工作表，输入如下内容，见图 6-12。

	A	B	C	D	E	F
1	姓名	税前工资	身份证号	税率	速扣数	个税
2	韩雨菲	12350	110108**********1			
3	王平	8890	110108**********2			
4	和晓丽	11428	110108**********3			
5	孟达	15900	110108**********4			

图 6-12　将自定义函数运用到其他工作表

分别在单元格 D2、E2、F2 中输入下列公式：

单元格 D2：=税率(B2)

单元格 E2：=速扣数(B2)

单元格 F2：=个人所得税(B2)

④ 将公式向下复制，即可得出个人所得税数额。

6.2　建立工资清单工作表

薪酬管理的基础是要建立一个工资清单工作表，将考勤表与工资表链接起来，自动计算各种扣款和补贴。图 6-13 给出了工资清单工作表的几个大项，如"基本信息""当月发放明细""当月扣除明细""税后实得"等项目。此表之所以从 A 列直接显示到了 S 列，AA 列直接显示到了 AK 列，又直接跳到 AN 列，是因为表格项目过多，对表格进行了折叠处理，即折叠了图 6-14、图 6-15 和图 6-16 中方框处的内容。

姓名	基本工资	岗位津贴	其他津贴	其他补发金额	加班费	病假扣款	事假扣款	迟到早退扣款	其他扣除金额	税前工资	个人所得税	税后实得	外企发放	工资说明
张三	5,238.43	5,000.00	0	0	0	0	0	0	0	9,179.54	207.95	8,971.59		
李四	4,968.97	4,800.00	0	0	0	0	0	0	0	8,889.97	179.00	8,710.97		
王五	8,790.33	5,700.00	0	0	0	0	0	0	0	13,675.33	657.53	13,017.80		
马六	4,305.73	4,500.00	0	0	0	0	0	0	0	7,926.38	87.79	7,838.59		
赵齐	3,800.00	4,200.00	0	0	0	0	0	0	0	7,806.59	84.2	7,722.39		

XXXXXX公司　2018年11月　工资明细

当月工作天数（全月天数减去休息　21

生成工资表

基本信息　当月发放明细　　税后实得

图 6-13　工资清单工作表

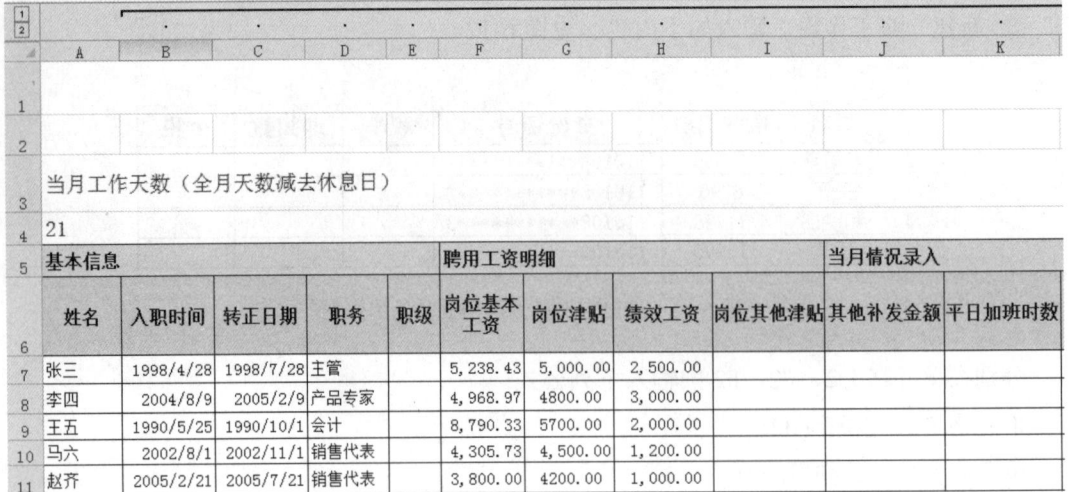

图 6-14　工资清单工作表 1

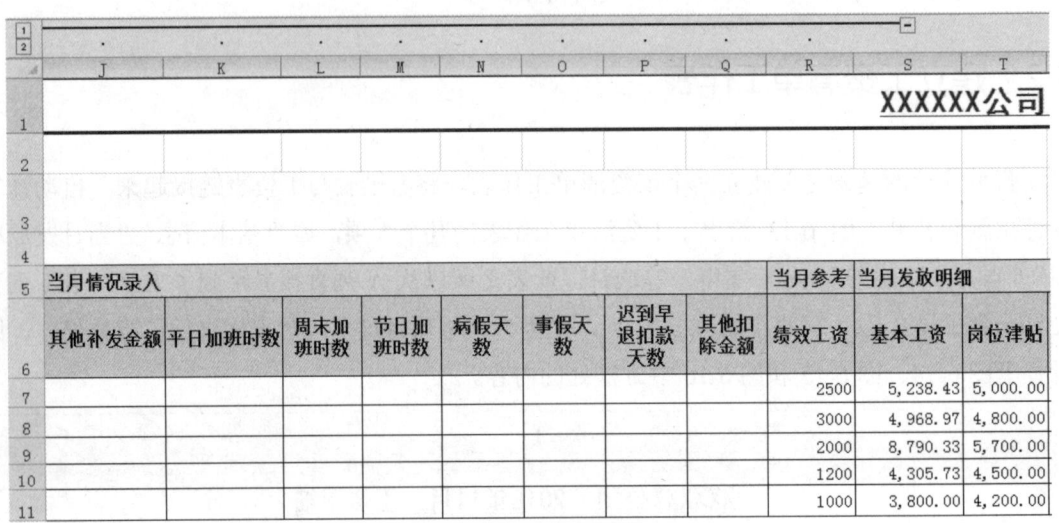

图 6-15　工资清单工作表 2

	月薪	养老保险（个人缴费）	失业保险个人缴费	基本医疗个人缴费	大病统筹个人缴费	工伤保险个人缴费	生育保险个人缴费	住房公积金个人缴费	其他保险个人缴费	税前工资	税率	速算扣除数	个人所得税
	AB	AC	AD	AE	AF	AG	AH	AI	AJ	AK	AL	AM	AN
7	10,238.43	487.92	60.99	121.98				388.00		9,179.54	0.1	210	207.95
8	9,768.97	342.00	57.00	130.00				350.00		8,889.97	0.1	210	179.00
9	14,490.33	384.00	48.00	96.00				287.00		13,675.33	0.1	210	657.53
10	8,805.73	390.80	48.85	97.70				342.00		7,926.38	0.03	0	87.79
11	8,000.00	73.68	9.21	18.42				92.10		7,806.59	0.03	0	84.2

图 6-16　工资清单工作表 3

6.2.1　完成工资清单基本结构

工资清单工作表体现了每位员工的薪酬情况，所包含的内容很多，因此，可根据企业实际情况来设计表格结构，下面以完成图 6-13 到图 6-15 的表格结构为例，说明步骤如下。

（1）打开工作簿，新建一张工作表，命名为"工资清单"，结构见图 6-13、图 6-14、图 6-15、图 6-16。

（2）合并 A1:AQ 单元格，输入表格标题；合并 A3:S3 单元格，输入文字"当月工作天数（全月天数减去休息日）"；合并 A4:S4 单元格，输入当月实际工作天数。

（3）在第五行分别合并相应单元格，在相应区域输入文字"基本信息""聘用工资明细""当月情况录入""当月参考""当月发放明细""税后实得"等。

（4）在 A6:AQ6 单元格分别输入工资明细的详细项目，要注意图 6-13 有折叠的数据区域，要结合图 6-14、图 6-15、图 6-16 来输入相应内容。

（5）工资清单中的"基本信息""聘用工资明细""当月情况录入"的数据需要手工录入，AC 列到 AJ 列的"五险一金"的数据也需要手工录入。

6.2.2　完成"税率速扣表"

个人税后工资的计算需要引用税率速扣表的数据，因此，需要再完成税率速扣表，见图 6-17。

级数	全月应纳税所得额	全月应纳税所得额下限	税率	速扣数
1	不超过3000的部分	0	3%	0
2	超过3000元-12000元的部分	3000	10%	210
3	超过12000元-25000元的部分	12000	20%	1410
4	超过25000元-35000元的部分	25000	25%	2660
5	超过35000元-55000元的部分	35000	30%	4410
6	超过55000元-80000元的部分	55000	35%	7160
7	超过80000元的部分	80000	45%	15160

图 6-17　税率速扣表

完成税率速扣表的步骤如下。

（1）在员工工资表模板后新建一张工作表，命名为"税率速扣表"。

（2）按图 6-17 所示，输入各单元格相关文字和数据内容。

（3）制作完成后，为税率速扣表定义名称、引用位置，见图 6-18。

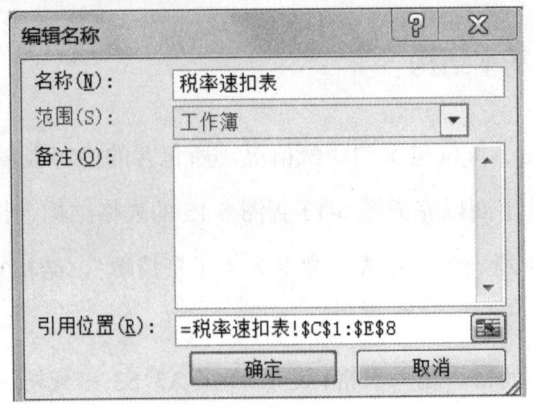

图 6-18　税率速扣表定义名称及引用位置

6.2.3　完成工资清单内容

工资清单表格的基本结构和需要手工填充的数据完成后，可以利用公式来获取其他各项目的数据信息，步骤如下。

（1）为工资清单中的其余单元格分别输入下列公式：

单元格 R7：=H7

单元格 S7：=F7

单元格 T7：=J7

单元格 U7：=I7

单元格 V7：=J7

单元格 W7：=ROUND((S7+T7)/\$A\$4/8*(K7*1.5+L7*2+M7*3),2)

单元格 X7：=ROUND((S7+T7+U7)/\$A\$4*N7,2)

单元格 Y7：=ROUND((S7+T7+U7)/\$A\$4*O7,2)

单元格 Z7：=ROUND((S7+T7+U7)/\$A\$4*P7,2)

单元格 AA7：=Q7

单元格 AB7：=ROUND((S7+T7+U7+V7+W7−X7−Y7−Z7−AA7),2)

单元格 AK7：=ROUND(AB7−SUM(AC7:AJ7),2)

单元格 AL7：=IF(AK7<=5000,0,VLOOKUP(AK7−5000,税率速扣表,2))

单元格 AM7：=IF(AK7<=5000,0,VLOOKUP(AK7−5000,税率速扣表,3))

单元格 AN7：=ROUND((AK7−5000)*AL7−AM7,2)

单元格 AO7：=ROUND(AK7−AN7,2)

（2）将公式向下复制，得到工资清单中的各项数据。

（3）因为工资项目很多，为便于查阅数据，可以使用组合的方法，把某些工资项目折叠或者显示，使表格显得简洁，具体步骤如下。

① 选择要组合的连续行或者连续列。

② 选择"数据"选项卡中的"创建组"按钮，见图 6-19。

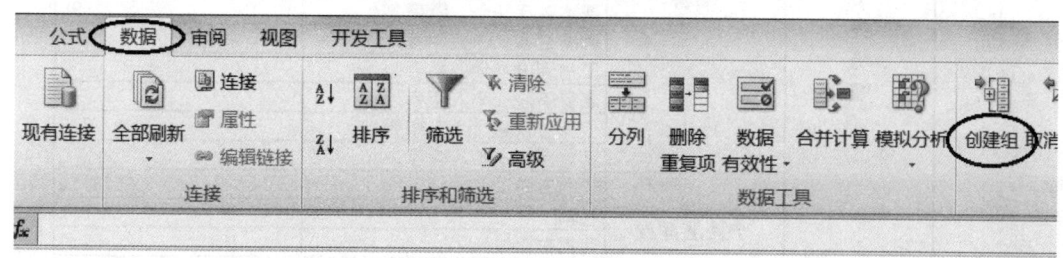

图 6-19　创建组－折叠相关列

③ 在弹出的下拉菜单中选择"创建组"即可。

④ 表格中的行或列中，标有"＋"的表示数据折叠；标有"－"的表示数据展开。

（4）当工资表计算完成后，最好把工资表中的公式单独保护起来。将每个月份的工资表单独保存在一个工作表中，这样既便于管理，也便于数据处理和分析。

6.3　制作打印工资表

当工资清单完成后，每个人的工资在清单上都能够呈现出来。以工资清单为基础数据，利用 VBA 程序，可以批量生成每个员工的工资表，每个员工的工资数据便是一张单独的表格，见图 6-20。要达到这个目的，需要以上节完成的工资清单为基础数据，设计一个模板，见图 6-21，然后通过运行 VAB 程序，并利用"税率速扣表"最终完成。

2018年11月工资表

姓名			张三	
当月工资明细	固定收入	基本工资		5238.43
		岗位津贴		5000
	增项	其他津贴		0
		其他补发金额		0
		加班费		0
	减项	病假扣款		0
		事假扣款		0
		迟到早退扣款		0
		其他扣款金额		0
		养老保险（个人缴费）		487.92
		失业保险（个人缴费）		60.99
		基本医疗（个人缴费）		121.98
		大病统筹（个人缴费）		0
		工伤保险（个人缴费）		0
		生育保险（个人缴费）		0
		住房公积金（个人缴费）		388
		其他保险（个人缴费）		0
	个人所得税	税前工资		9179.54
		税率		0.1
		速算扣除数		210
		个人所得税		207.95
	税后实得			8971.59
	外企发放			0
工资说明				
个人所得税算法：个人所得税计算方法：（税前工资-2000）*税率-速算扣除数				
应纳所得税档次		税率		速算扣除
<3000		3%		0
3000-12000		10%		210
12000-25000		20%		1410
25000-35000		25%		2660
35000-55000		30%		4410
55000-80000		35%		7160
>80000		45%		15160

图 6-20　自动生成的员工工资表

2018年11月工资表

姓名			
固定收入	基本工资	#N/A
	岗位津贴	#N/A
增项	其他津贴	#N/A
	其他补发金额	#N/A
	加班费	#N/A
当月工资明细	减项	病假扣款	#N/A
		事假扣款	#N/A
		迟到早退扣款	#N/A
		其他扣款金额	#N/A
		养老保险（个人缴费）	#N/A
		失业保险（个人缴费）	#N/A
		基本医疗（个人缴费）	#N/A
		大病统筹（个人缴费）	#N/A
		工伤保险（个人缴费）	#N/A
		生育保险（个人缴费）	#N/A
		住房公积金（个人缴费）	#N/A
		其他保险（个人缴费）	#N/A
	个人所得税	税前工资	#N/A
		税率	#N/A
		速算扣除数	#N/A
		个人所得税	#N/A
	税后实得		#N/A
	外企发放		#N/A
工资说明	#N/A		

个人所得税算法：个人所得税计算方法：（税前工资−2000）*税率−速算扣除数

应纳所得税档次	税率	速算扣除
<3000	3%	0
3000-12000	10%	210
12000-25000	20%	1410
25000-35000	25%	2660
35000-55000	30%	4410
55000-80000	35%	7160
>80000	45%	15160

图 6-21　员工工资表模板

6.3.1　设计完成工资表模板

工资表模板的设计结构，如图 6-21 所示，在这个模板中，所有工资的相关数据都来源于工资清单工作表；模板就像一个桥梁，使工资清单通过模板和 VAB 程序的作用，最后呈现出每个员工的工资表。

工资表模板的完成步骤如下。

（1）在"工资清单"工作表后新建一张工作表，命名为"模板"。

（2）合并 A1:E1 单元格，输入当月工资时间，作为员工工资表标题，例如"2018 年 11 月工资表"。

（3）合并 B3∶B25 单元格，输入"当月工资明细"。

（4）合并 C 列相应单元格后按图 6-21 所示输入各栏目名称，并在 D 列各单元格中输入工资清单中的相应文字内容。

（5）在 B27∶E35 区域内输入个人所得税税率表。

（6）在 E 列有关单元格使用 VLOOKUP 函数把单元格 C2 中特定姓名员工的工资数据查询出来，保存到相应单元格，所以为 E 列单元格分别输入下列公式：

单元格 E3∶　　　　=VLOOKUP(C2,工资清单!A:AO,19,0)

单元格 E4∶　　　　=VLOOKUP(C2,工资清单!A:AO,20,0)

单元格 E5∶　　　　=VLOOKUP(C2,工资清单!A:AO,21,0)

······

单元格 E11∶　　　=VLOOKUP(C2,工资清单!A:AO,27,0)

单元格 E12∶　　　=VLOOKUP(C2,工资清单!A:AY,29,0)

单元格 E13∶　　　=VLOOKUP(C2,工资清单!A:AY,30,0)

······

单元格 E25∶　　　=VLOOKUP(C2,工资清单!A:AY,42,0)

单元格 C26∶　　　=IF(OR(ISERROR(VLOOKUP(C2,工资清单!A:AY,43,0)),VLOOKUP(C2,工资清单!A:AY,43,0)=0),"",VLOOKUP(C2,工资清单!A:AY,43,0))

至此，员工工资表模板框架基本设计完成。

6.3.2　插入 VBA 程序批量生成员工工资表

在"员工工资表模板"C2 中，如果依次输入员工姓名，效率很低，所以可以利用 VBA 程序自动给每个员工制作工资表，以提高工作效率和准确性，具体步骤如下。

（1）打开 VBA 窗口，插入模块，程序代码如下：

```
Public Sub 生成工资表()

    Dim cellvalue, i As Integer, m As Integer, n As Integer

    Dim ws0 As Worksheet

    Dim ws As Worksheet

    '删除旧的员工的工资表

    Application.DisplayAlerts = False

    For Each ws In ThisWorkbook.Worksheets

        If ws.Name = "工资清单" Or ws.Name = "税率速扣表" Or ws.Name = "模板" Then

        Else

            ws.Delete

        End If
```

```
    Next
    Application.DisplayAlerts = True
    '统计员工人数
    Set ws0 = Worksheets("工资清单")
    n = ws0.Range("A7").End(xlDown).Row - 6
    '循环复制模板工作表,并生成每个人的工资表
    For i = 1 To n
        '复制模板工作表
        Worksheets("模板").Copy After:=Worksheets(Worksheets.Count)
        Set ws = ActiveSheet
        With ws
            '将每个工作表重命名为该员工姓名
            .Name = ws0.Range("A" & i + 6)
            '在单元格 C2 输入该员工姓名，从而得到每个员工的工资表
            .Range("C2") = ws0.Range("A" & i + 6)
        End With
    Next i
    Set ws0 = Nothing
    Set ws = Nothing
End Sub
```

VAB 程序输入完成后关闭窗口。

（2）在"工资清单"工作表中插入一个窗体控件按钮，为按钮指定上面生成的宏，即可单击按钮生成所有员工的工资表，而且每个员工都有一个工资表，工资表名称是该员工的姓名。插入的窗体控件按钮见图 6-22。

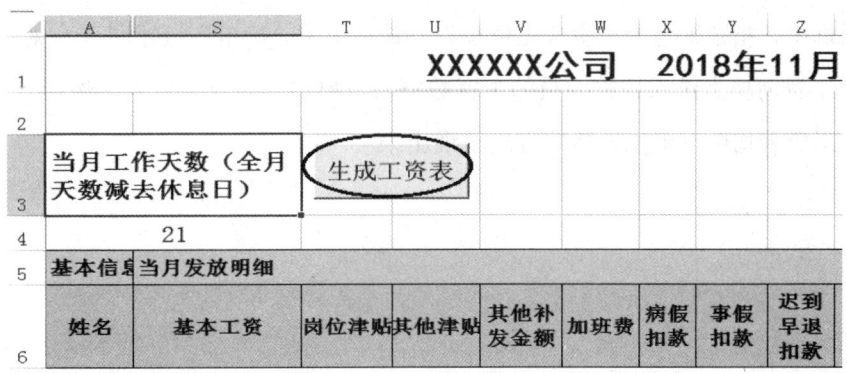

图 6-22　插入窗体控件效果

插入窗体控件并指定宏的步骤如下。

① 选择工具栏中"开发工具"选项卡，单击"插入"按钮，见图6-23。

图6-23　插入控件按钮

② 在弹出的下拉菜单中，单击"按钮（窗体控件）"，插入一个窗体控件，见图6-24。

图6-24　插入窗体控件

③ 插入窗体控件后，单击鼠标右键设置控件格式，将文字编辑为"生成工资表"。

④ 为窗体控件指定宏。单击鼠标右键，在弹出的下拉菜单中选择"指定宏"，在"指定宏"对话框中，指定宏名为"生成工资表"，最后单击"确定"按钮即可，见图6-25。

（3）在工资清单上录入相关人员的工资数据后，单击"生成工资表"按钮，工资清单上的所有员工工资表均会以单独表格的方式呈现出来。

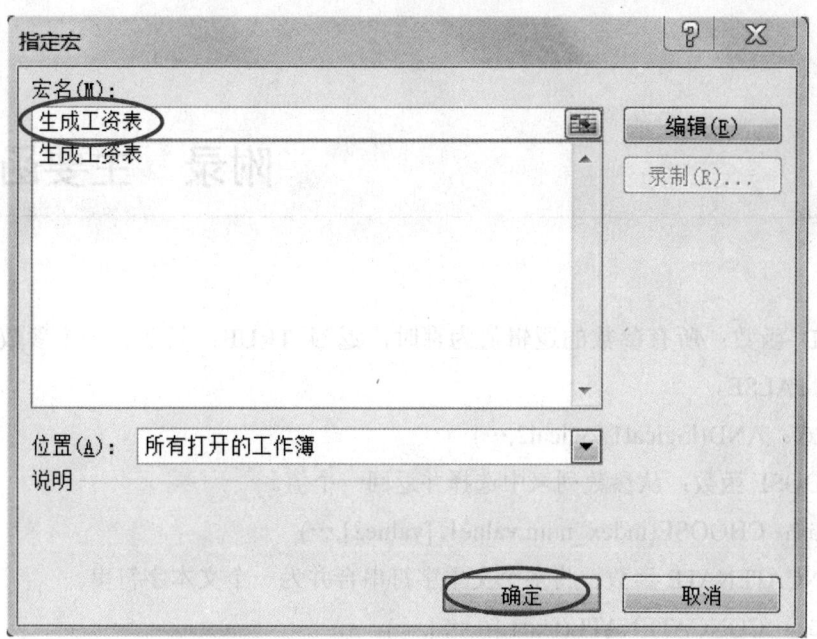

图 6-25　为窗体控件指定宏

附录 主要函数说明

1．AND 函数：所有参数的逻辑值为真时，返回 TRUE；只要有一个参数的逻辑值为假，即返回 FALSE。

语法格式：AND(logical1,logical2,…)

2．CHOOSE 函数：从参数列表中选择并返回一个值。

语法格式：CHOOSE(index_num,value1, [value2],…)

3．CONCATENATE 函数：将多个文本字符串合并为一个文本字符串。

语法格式：CONCATENATE(text1,[text2],…)

4．COUNTA 函数：返回参数列表中非空的单元格个数。

语法格式：COUNTA(value1,value2,…)

5．COUNTIF 函数：对指定区域中符合指定条件的单元格计数。

语法格式：COUNTIF(range,criteria)

6．DATEDIF 函数：返回两个日期之间的年/月/日间隔数。

语法格式：DATEDIF(start_date,end_date,unit)

7．DATEVALUE 函数：将以文本表示的日期转换成一个序列号。

语法格式：DATEVALUE(Date_text)

8．DATE 函数：返回代表特定日期的序列号。

语法格式：DATE(year,month,day)

9．EDATE 函数：计算出所指定月数之前或之后的日期。

语法格式：EDATE(start_date,months)

10．EOMONTH 函数：计算指定日期之前或之后几个月的最后一天的日期。

语法格式：EOMONTH(start_date,months)

11．HOUR 函数：返回时间值的小时数。

语法格式：HOUR(time)

12．IF 函数：条件判断函数，根据指定的条件来判断"真"（TRUE）、"假"（FALSE），从而返回相应的内容。

语法格式：IF(logical_test,value_if_true,value_if_false)

13．INDEX 函数：返回表或区域中的值或对值的引用。

语法格式：INDEX(array,row_num,column_num)

14．INDIRECT 函数：将字符串转化为数组引用。

语法格式：INDIRECT(ref_text,[a1])

15．INT 函数：向下取整为最接近的整数。

语法格式：INT(number)

16．ISERROR 函数：用于测试函数式返回的数值是否有错。如果有错，该函数返回 TRUE，反之返回 FALSE。

语法格式：ISERROR(value)

17．ISEVEN 函数：判断其参数是不是偶数，如果是偶数就返回 TRUE，否则返回 FASLE。

语法格式：ISEVEN(number)

18．LEFT 函数：从一个文本字符串的第一个字符开始返回指定个数的字符。

语法格式：LEFT(string,n)

19．LEN 函数：返回文本串的字符数。

语法格式：LEN(text)

20．MID 函数：从一个字符串中截取指定数量的字符。

语法格式：MID(text,start_num,num_chars)

21．MINUTE 函数：返回时间值的分钟数。

语法格式：MINUTE(time)

22．MOD 函数：计算两数相除的余数。

语法格式：MOD(number,divisor)

23．OFFSET 函数：返回对单元格或单元格区域中指定行数和列数的区域的引用。

语法格式：OFFSET(reference,rows,cols,height,width)

24．ROUND 函数：返回一个数值，该数值是按照指定的小数位数进行四舍五入运算的结果。

语法格式：ROUND(number,num_digits)

25．ROUNDUP 函数：向上舍入数字，不管舍去的首位数字是否大于 4，都向前进 1。

语法格式：ROUNDUP(number,num_digits)

26．ROW 函数：返回公式所在单元格的行号。

语法格式：ROW(reference)

27．SUMIF 函数：对报表范围内符合指定条件的值求和。

语法格式：SUMIF(range,criteria,sum_range)

28．SUMPRODUCT 函数：返回相应的区域或数组乘积的和。可用来进行多条件计数，即统计同时满足条件 1、条件 2 到条件 n 的记录的个数。

语法格式：SUMPRODUCT（array1,array2,array3,…）

29．TEXT 函数：将数值转化为自己想要的文本格式。

语法格式：TEXT(value,format_text)

30．TODAY 函数：得到当前系统日期。

语法格式：Today()

31．VLOOKUP 函数：在给定区域内按列查找并返回所要查找的值。

语法格式：VLOOKUP(lookup_value,table_array,col_index_num,range_lookup)

32．WEEKDAY 函数：返回代表一周中第几天的数值，是一个从 1 到 7（或从 0 到 6）之间的整数。

语法格式：WEEKDAY(serial_number,return_type)

33．WEEKNUM 函数：返回一个数字，该数字代表该日期在一年中的第几周。

语法格式：WEEKNUM(serial_num,return_type)

34．YEARFRAC 函数：计算两个日期之间的完整天数占全年天数的比例。

语法格式：YEARFRAC(start_date,end_date,basis)

参考文献

[1] Excel Home. Excel 2010 人力资源与行政管理[M]. 北京：人民邮电出版社，2016.

[2] Excel Home. 别怕，Excel 函数其实很简单[M]. 北京：人民邮电出版社，2017.

[3] 赛贝尔资讯. Excel 函数与公式速查手册[M]. 北京：清华大学出版社，2015.

[4] 杨小丽. Excel 应用大全[M]. 北京：中国铁道出版社，2018.

[5] 李红梅. Excel 人力资源管理应用教程[M]. 北京：人民邮电出版社，2013.

[6] 陈长伟. Excel 在人力资源管理中的应用[M]. 北京：清华大学出版社，2013.

参考文献